PARIS

PENDANT LE SIÉGE

PARIS

PENDANT LE SIÈGE

NOTES ET IMPRESSIONS
PAR
Edmond BOSSAUT,
AVOCAT A LA COUR DE PARIS.

VALENCIENNES,
LEMAÎTRE, LIBRAIRE-ÉDITEUR,
RUE DU QUESNOY, 14 ET 16.
1871

Typ. Ed. Prignet, à Valenciennes.

PARIS

PENDANT LE SIÉGE

La route de Paris, si monotone par le railway du Nord, offrait, pendant les premiers jours de septembre, quelque intérêt.

Aux gares de chemin de fer, encombrement et tohu-bohu indescriptibles. D'interminables convois, s'élançant de Paris, bondés de voyageurs et de bagages, y jetaient incessamment les bouches inutiles invitées à quitter la capitale, et aussi bon nombre d'honorables citoyens, parfaitement valides, francs-fileurs de toute classe, qu'une affaire — toujours urgente — appelait au loin. Les gares elles-mêmes faisaient leurs préparatifs de combat. La plupart d'entre elles étaient devenues de véritables blockauss crénelés et palissadés. A partir de Creil, les cantonniers et les garde-barrières avaient remplacé leurs petits drapeaux par de vieux fusils.

C'était un spectacle curieux et rassurant pour le voyageur qui regagnait Paris. Il saluait aussi avec plaisir et confiance les troupeaux de bœufs et les bataillons de mobiles, qu'on dirigeait sur la capitale. Il échangeait ses impressions avec ses rares compagnons de route et il lui tardait d'arriver dans la ville du luxe et des plaisirs, qui allait donner au monde l'exemple de toutes les vertus guerrières.

Paris ! C'est bien celui que vous connaissez et que vous aimez malgré ses défauts, l'enfant terrible qui, dimanche dernier, par un beau soleil, en se jouant, a installé à son vieil Hôtel-de-Ville, *le Gouvernement de la défense nationale.*

Il fait aujourd'hui avec fièvre et gaieté — comme tout ce qu'il fait — sa toilette de guerre. Il joue au soldat en attendant les Prussiens. Il ne croit pas beaucoup à leur arrivée, et pourtant il serait désolé d'avoir travaillé pour.... le roi de Prusse. Il a mis la coignée dans son bois de Boulogne, il a démoli toutes les guinguettes de sa zone militaire, il a renoncé à ses boulevards et à ses jardins pour y parquer le bétail, il a ouvert sa maison et sa bourse aux soldats de Vinoy, aux moblots de la province, il demande à grands cris l'incendie de ses délicieux environs, il s'est habillé en soldat et nettoie tous les jours son flingot... et les Prussiens ne viendraient pas! — Oh! mais non !

Parisiens, rassurez-vous. L'armée prussienne, divisée en trois corps, s'avance par Reims, Montmirail et Laon, dont vous saluez l'explosion avec enthousiasme.

Demain, 11 septembre, les uhlans, désormais légendaires, entreront à Noisy annonçant, comme toujours, l'arrivée d'un escadron qui précèdera une division, suivie elle-même du corps d'armée.

L'animation est à son comble. C'est aux portes de la ville un mouvement de va-et-vient inouï, dans les rues un défilé non interrompu de gardes nationaux, de mobiles, de troupes, de francs-tireurs, de trains d'artillerie, de bestiaux, de voitures franc-comtoises venues pour le service. de l'armée ; aux mairies, aux ministères une foule compacte; aux gares, l'assaut du dernier départ.

La cohue, le bruit ; — puis, les portes fermées, un soir, à la nouvelle que les Prussiens entourent Paris ; — puis, les lignes de chemin de fer et les fils télégraphiques coupées ; — puis, le silence !

Paris était séparé du monde, et il l'était alors que le sombre nuage qui planait sur le pays, au lendemain de Sedan, ne s'était pas encore dissipé. On ne savait qu'imparfaitement ce qui se passait au dehors ; on ignorait ce qui restait de la France entre l'effondrement de l'Empire et l'invasion des Prussiens.

Le Gouvernement, il est vrai, avait essaimé et envoyé à Tours deux vieux tisons éteints, au lieu de commissaires extraordinaires, jeunes, énergiques et capables. Les communications seraient faciles, pensait-on. — Erreur. — On n'avait pas pu ou pas su garder le passage d'un fil entre les mailles prussiennes.

Le 17, une forte reconnaissance, sortie du fort de Charenton et conduite par le général d'Exéa, s'était avancée au-delà de Créteil jusqu'à la lisière des bois de Bonneuil ; elle avait dû se replier devant des forces supérieures massées — comme de coutume — dans les forêts qu'on avait en vain essayé d'incendier. On avait ramené dans Paris une dizaine de blessés, mais Paris est sceptique, et il ne croyait guère qu'on se fût déjà battu à trois lieues de ses boulevards : on n'avait pas entendu le canon !

Le surlendemain, 19 *septembre*, le doute n'est plus possible. Vers midi, sur le boulevard Saint-Michel, dans la rue de Rivoli, et jusque sur les grands boulevards, des soldats effarés, des zouaves surtout, jetant leurs sacs et leurs fusils, sèment l'épouvante : tout est perdu — nous sommes trahis — l'armée engagée à Châtillon depuis ce matin est anéantie, — les Prussiens sont aux fortifications !! Après un moment de panique facile à comprendre, on reconnait aisément que ces braves ne sont que des fuyards isolés ; beaucoup même n'ont pas tiré un seul coup de fusil. On procède à leur arrestation, et on attend avec une anxiété suprême le rapport militaire. Des femmes, plus surexcitées que la plupart des citoyens, se rendent chez le général Trochu. Elles entendent se battre et réclament le fusil de tout soldat ayant fui devant l'ennemi.

Vers 7 heures du soir, une proclamation, empreinte d'une exagération fâcheuse, apprend à la population que les 40,000 hommes du général Ducrot, après avoir lutté avec héroïsme contre plus de 100,000 Prussiens, *se sont repliés en bon ordre*. L'ennemi a subi des pertes considérables.—Résultat net de cette néfaste journée : occupation par les Prussiens des hauteurs de Villejuif, Clamart, Meudon ; abandon par nos troupes de la redoute de Châtillon, qu'on n'avait pas su achever en temps. Les canons mêmes ne purent être enlevés : on dut se borner à les enclouer.

Pour relever le moral de la population, que cette défaite toutefois avait plus irritée qu'abattue, Paris est convoqué le 21 à célébrer le 74e anniversaire de la République. Une foule énorme se rend à la place de la Bastille et à celle de la Concorde ; de là, elle se porte à l'Hôtel-de-Ville, proteste contre les bruits d'armistice qui commencent à circuler et emporte du Gouvernement l'assurance que Paris résistera jusqu'aux dernières extrémités et que rien ne sera négligé pour sauver la France et la République.

Nos soldats, de leur côté, brûlent de prendre leur revanche et le vendredi 23, pendant que Pierrefitte est le théâtre d'un combat glorieux, ils reprennent le plateau de Villejuif que nous ne devons plus abandonner ; les formidables redoutes du Moulin Saquet et des Hautes-Bruyères s'y élèvent comme par enchantement. Tout est facile quand on veut.

Le 30 *septembre*, — encore un vendredi, jour préféré du général Trochu qu'on dit superstitieux, — une nombreuse colonne s'élance jusqu'à Choisy-le-Roi. Elle en occupe un instant les premières maisons, après s'être emparé des villages de l'Hay, Chevilly et Thiais.

Paris est dans l'enthousiasme ; les récits les plus merveilleux s'accréditent dans les groupes : une division ennemie est complétement détruite, le cercle de fer des Prussiens rompu, une partie de leurs forces prise, comme dans les deux lames d'un étau, entre l'armée de Paris et celle du général Polhès ; on entend dans la direction d'Etampes le canon libérateur. La nouvelle officielle que les éclaireurs à cheval ont chassé l'ennemi du village de Bondy, met le comble à la joie, au délire.

Hélas ! le lendemain un rapport à la Palikao annonçait encore et de nouveau une retraite en bon ordre. On *n'avait pas prévu* le retour offensif des Prussiens ; le même corps avait soutenu toute la journée l'effort successif et de plus en plus puissant de troupes constamment renforcées et remplacées. — On était parti sans canons contre des murs crénelés, on avait enlevé à la baïonnette les batteries prussiennes, et, faute de chevaux, on dût les abandonner !

Pourtant tout le monde reprit confiance en voyant ce qu'une poignée des nôtres avait pu faire. Que sera-ce, disait-on, lorsque mieux armés, avec une artillerie nombreuse, nos soldats seront appelés à exécuter le plan Trochu, qu'on était en train d'élaborer à l'Hôtel-de-Ville !

Ainsi se termine le mois de septembre.

Cette première quinzaine de siége n'amène pas, dans les habitudes parisiennes, de changement notable. Paris, il est vrai, ressemble plutôt à un camp qu'à une capitale; mais, après l'exercice et la garde, la population vaque à ses affaires, comme par le passé. — Nulle privation, nul souci, et, n'était le canon des forts, on croirait les Prussiens à cent lieues.

Les boulevards sont très-animés; là s'étalent mille petites industries nouvelles, qui toutes s'intitulent nationales : cocardes tricolores, souvenirs du 4 septembre, bretelles de fusil, lanternes de rempart, etc., etc... On s'arrête un instant devant des caricatures, dont le nombre et la hardiesse vont chaque jour croissants ; leur collection ne sera pas, quand vous pourrez la consulter, votre moindre sujet d'étonnement. Les journaux pullulent ; leurs titres, le nom de leurs rédacteurs, la couleur de leur papier et leur format vous réservent également de nombreuses surprises. La série complète des papiers et correspondances de la famille impériale vous jettera dans d'étranges rêveries. Mais vous n'aurez pas été assourdis par les cris de tous ces industriels; vous n'aurez pas vécu dans cette arche de Noé, où la colombe, hélas ! n'est pas revenue avec le rameau vert !

Je regrette de ne pouvoir vous faire lire ce mur sans fin, où s'étalent et se superposent, en couches épaisses, des affiches, que les murailles de 1848 elles-mêmes n'ont pas connues. Je regrette de ne pouvoir vous introduire dans les clubs qui se sont ouverts partout, dans les théâtres, les salles de bal, les cafés-concerts, les manéges, les gymnases. Comme distraction nous serions allés au gymnase Triat ; là se réunissent les amazones de la Seine, laissant bien loin derrière elles leurs aînées, les Vésuviennes de février. La partie masculine de l'auditoire ne rit pas, elle se tord.

Vous seriez, par exemple, rentré chez vous de bonne heure, car jusques au mois de décembre les cafés se fermaient à 10 h. 1|2. — En regagnant votre logis, vous auriez pu vous mêler aux groupes qui stationnent sur les boulevards, aux abords des mairies et au coin des rues. Vous auriez entendu un chacun exposer son plan et ses idées, mais prudence... Le doute le plus timide sur l'issue de la lutte, le geste le plus léger vous eussent à l'instant désigné à la vindicte publique ; appréhendé comme espion, on vous eût traîné au poste — sans merci. Si, de retour chez vous, pour peu que vous habitiez un étage élevé, vous aviez commis l'imprudence d'allumer votre bougie, pour peu que sa flamme, tamisée par un rideau de couleur, n'eût pas été aussi pure que votre patriotisme, votre domicile était envahi, perquisitionné ; vous faisiez des signaux à l'ennemi !

J'eusse voulu vous promener à nos bastions, nos forts et nos redoutes. Vous y auriez vu partout l'armée, la mobile, la garde nationale et nos braves marins rivalisant de zèle, de dévouement et de gaieté. Vous connaîtriez ainsi notre système de défense et l'intelligence du récit serait plus facile. Mais vous avez sans doute un plan de Paris et il vous sera aisé, en le consultant, de vous rendre compte de l'importance de faits de guerre énumérés succintement.

Les travaux. — Cependant, sans faire de stratégie, on ne peut se dispenser de constater que si le Gouvernement de la défense nationale n'a rien négligé pour mettre les fortifications, les forts et leur zone dans un état de défense admirable, il n'a rien fait pour arrêter les corps prussiens, ni entraver leur mouvement d'investissement.

La défense, dès le 4 septembre, se claquemure et livre à l'ennemi des positions que quinze jours de pioche pouvaient conserver. On avait sous la main 5 à 600,000 travailleurs, représentant 90,000,000 d'heures de travail !

Grâce à cette faute, l'ennemi va d'emblée resserrer son cercle, qui ne mesure plus que de 20 à 30 lieues. L'opération contraire l'eût obligé à doubler ses forces en contenant ses batteries à 10 kil. au moins de notre enceinte.

Le système Totleben est vainement conseillé et réclamé par les hommes compétents, la presse et les délégations des clubs. A la pioche et à la pelle infatigables des Prussiens on n'oppose qu'une canonnade peu efficace.

Quelques mots sur les combattants, l'armement, l'alimentation, l'administration, la politique extérieure et intérieure sont également nécessaires. Vous aurez ainsi de la situation un exposé exact, emprunté en grande partie aux journaux et aux documents publiés à Paris.

Les combattants. — La division Vinoy avec la musique du 72ᵉ, les dépôts de nos régiments, la gendarmerie, la garde républicaine, les marins, les gardes-forestiers, les douaniers, soixante mille hommes environ, voilà notre seule armée au 15 septembre.

La mobile de Paris, composée de 25,000 hommes tenait garnison à Saint-Denis et dans les forts.

Trois mille francs-tireurs s'étaient éparpillés dans la banlieue.

Nous avions 80,000 mobiles de la province à peine habillés, sans effets de campement, sans chaussures, sans expérience de la guerre.

La garde nationale ne comptait guère que 90,000 hommes, pas tous armés, peu disciplinés et insuffisamment commandés.

Vers le milieu d'octobre, cette cohue était bel et bien devenue une formidable armée de près de 500,000 hommes, car la garde nationale présentait alors un effectif de plus de 300,000 hommes.

Équipement & armement. — On avait équipé et armé tant bien que mal tout ce monde.

Le Gouvernement n'avait pas su empêcher les désordres, le gaspillage, les spéculations véreuses, les fournitures de mauvaise qualité, impropres à tout service, les pots-de-vin. Surtout il n'avait pas su se débarrasser de l'Intendance et rompre avec ses prétentions, sa routine et sa corruption.

L'initiative des citoyens, par des souscriptions particulières, avait réparé bien des fautes, comblé bien des lacunes.

L'armement de Paris donne également un triste enseignement : les discussions scientifiques dans les comités, le conflit du civil et du militaire, les règlements, la routine viennent tout entraver. De là tâtonnements, confusion, etc.

On n'est d'accord ni sur les types d'armes, ni sur les matériaux d'emploi, ni sur la main-d'œuvre. On n'a même pas l'inventaire de ce qui existe.

Des entrepreneurs offrent de livrer, avant le blocus, des centaines de mille fusils américains. — On hésite, on tergiverse, on consulte les règlements sur la neutralité internationale ; puis on marchande, on propose de régler à terme, si bien que le Prussien arrive, tandis que les fusils n'arrivent pas.

Rejet à priori des engins non réglementaires. — Découragement des inventeurs et industriels renvoyés de bureau en bureau, de comité en comité et finalement repoussés.

Dans le flot des propositions sérieuses ou saugrenues, les états-majors et les bureaux ne savent que choisir. — Nulle organisation, nul classement. — On entasse paperasses sur paperasses ; on veut répondre à tout ; les cartons s'emplissent et l'on finit par n'entendre personne.

Plus tard on fera un appel, tardif hélas ! à l'industrie et aux souscriptions privées, et Paris, qui n'aura plus de pain, trouvera de l'or pour faire ses canons, ses fusils à tabatière et ses chassepots.

Alimentation. On invite les bouches inutiles à partir pour diminuer la population inactive, mais on appelle les populations rurales. Elles amènent dans Paris des milliers de femmes et d'enfants qu'il faut loger, nourrir et vêtir. Quant à l'appoint militaire, fourni par la population mâle, il eût mieux servi à défendre la banlieue et à retarder ainsi la marche des assiégeants.

Mesures prises pour l'approvisionnement : maintien des

droits d'octroi, supprimés plus tard, quand il ne sera plus temps ; premier obstacle à l'entrée des céréales qui abondent dans la banlieue.—Les moyens de transport particuliers font défaut, second obstacle. Le mal signalé, on n'y remédie pas. — La cherté des vivres, et l'accaparement s'épanouissent en toute liberté : impossibilité pour les petites bourses de suivre les excellents conseils du Gouvernement et de faire les moindres provisions. — Les bestiaux, placés dans de mauvaises conditions, dépérissent et meurent en grand nombre. — Denrées entassées et perdues. — Orgie des fournisseurs, spéculateurs, agioteurs. Riz —pain— sels en recrudescence dans les ministères. Enorme dilapidation. — Pas d'inventaire ; ni surveillance, ni prévoyance, ni réquisitions.

Politique intérieure. — La préfecture de police abolie est réorganisée. Les sergents de ville licenciés reparaissent rasés et travestis en *gardiens de la paix publique*.

On s'indigne en vain contre les cumuls. — On assiste scandalisé à la curée des places. — La Légion d'honneur est supprimée et rétablie ; en fait ni rétablie ni supprimée.

La taxe des absents est décrétée, mais non appliquée et presque retirée.

La Banque bat monnaie avec ses billets. Le Trésor émet des bons. Où est la mesure ? Où est le contrôle ?

Les magistrats de l'Empire sont maintenus et promus.

On refuse d'envoyer des commissaires en province.

Le règne des avocats commence.

Une assemblée nationale est annoncée, puis contremandée.

La Commune promise, différée, enfin refusée.

Pas de communications avec la province.

Politique extérieure. — Proclamations et manifestes. —Jules Favre va pleurer à Ferrières. — Thiers, commis-voyageur de la République, pour le placement d'un roi.

On attend l'Américain, puis l'Italien, puis l'Espagnol, puis le Russe. — Personne ne bouge.

On se tourne vers l'Anglais. — L'Anglais ne vient pas. Derrière son comptoir, John Bull lit le *Times* et fait ses affaires.

Abd-el-Kader est annoncé — avec ses goûms.

Garibaldi accourt — seul.

Tel est, *à peu près*, pour la première période du siége, le bilan (1) du Gouvernement de la défense nationale.

La suite va creuser plus profondément le gouffre de son passif ; et le jour est proche où le peuple de Paris, avec son admirable bon sens, dira à ses mandataires : « *Vous avez fait faillite !* » Puisse l'écho de la France ne pas répéter : *Banqueroute !*

Octobre. **Mauvais début.**

Le 2, — un dimanche naturellement, — le jour aux mauvaises nouvelles, comme vous savez — on apprend la capitulation de Strasbourg.

« Ce n'est plus qu'une question d'ingénieur, » avait dit Bismarck. Il tenait maintenant « *la clef de la maison.* »

N'importe ! Strasbourg a bien mérité de la patrie, Paris lui vote un souvenir de bronze.

Sa statue en pierre, installée à l'angle de la place de la Concorde, déjà ensevelie sous les drapeaux et les fleurs, devient pour la garde nationale le terme d'un pèlerinage patriotique. Chaque citoyen tient à honneur de s'inscrire sur le livre d'or de l'héroïque cité, et de déposer à ses pieds un immortel hommage et des cyprès, beaux comme des lauriers.

La rue de Rivoli débouche sur la place de la Concorde.

---

(1) Voir les journaux de fin décembre, *le Combat*, entre autres.

Au milieu de la rue de Rivoli s'élève l'Hôtel-de-Ville. C'est un arrêt tout indiqué, au retour, pour les manifestations. Chaque jour les Républicains envoient aux avocats de la Grève des délégués, pour leur exprimer leur volonté de sauver la France et la République, et les supplier de ne reculer devant aucun sacrifice. — J. Ferry qui, en attendant mieux, joue les utilités, leur jette d'ordinaire quelques gouttes d'eau bénite et les congédie plus ou moins poliment, après avoir poussé un douteux, « vive la République ! »

Le flot des faubourgs s'écoule pacifiquement encore; mais le peuple connait le chemin, et il reviendra.

Cependant les vieillards de Tours, rajeunis par leur séjour dans le jardin de la France et pilotés par un vieux loup-de-mer, nous avaient donné quelques signes équivoques de non-décomposition. Le 5, ils nous annoncent qu'à leurs mâles accents, la province se lève et marche à notre secours. Une telle résurrection (c'est des délégués qu'il s'agit) méritait la peine d'être constatée. Le 7, Gambetta, emportant avec lui l'admiration et les vœux de la capitale, livre sa vie et la fortune du pays aux caprices d'un vent incertain.

On comprenait parfaitement l'importance de ce départ. La centralisation a fait de Paris la tête de la France, — tête monstrueuse, — mais la province en est le bras loyal et robuste. Et quoique les Parisiens aient conservé jusqu'à la dernière heure le sublime espoir, — réalisable peut-être avec d'autres chefs, — de payer leur dette à la France en la sauvant seuls, ils sentaient dès lors qu'avec leur Gouvernement, le salut commun ne résulterait que d'un effort habilement et opportunément combiné entre leurs forces et celles des provinciaux leurs frères.

Soulever les départements, les armer et les mener au secours de la grande assiégée, c'était une tâche lourde, écrasante. Pour y suffire, Gambetta comptait, sans doute, sur Trochu et son plan. Retenus sous Paris par des sorties nombreuses et continuelles, les Prussiens devaient lui laisser le temps, il pouvait l'espérer, d'organiser la victoire.

Paris aussi, de son gouverneur et de son plan, attendait merveille. Il sut bientôt à quoi s'en tenir.

Le 12, une reconnaissance — encore — est poussée jusqu'à La Malmaison et La Jonchère. *Mais, son but atteint, le général, devant des forces supérieures, doit faire sonner la retraite. Journée honorable.*

Le 13, Vinoy entre dans Châtillon et Bagneux. Il ébauche un succès. L'armée, les francs-tireurs sont admirables; *mais retour offensif et imprévu des Prussiens. Excellente retraite. Pertes sensibles. Très-bonne journée.*

Dans les nuits du 18 et du 19, les Prussiens se ruent, à leur tour, sur nos positions de Cachan. La mobile tient bon et l'ennemi fait connaissance avec la hache de nos marins.

Le 21, (troisième vendredi de Trochu), forte reconnaissance — toujours — sur La Malmaison, Rueil, Buzenval, La Jonchère.

A quatre heures du soir, Paris apprend que l'engagement matinal, dont l'écho est venu jusqu'à lui, s'est transformé en grande bataille. Les Prussiens surpris se sont enfuis en désordre sur Versailles, où Guillaume ne les a pas attendus. Nos troupes couronnent la ligne de hauteurs qui s'étend depuis Sèvres jusqu'à La Celle-Saint-Cloud.

Nul doute possible cette fois. Ces nouvelles sont confirmées par les blessés, transportés au palais de l'Industrie (ambulance), et par d'honorables personnes qui, à la faveur de la bagarre et de la panique, ont pu s'échapper de Versailles et gagner Paris.

Le lendemain, même croyance dans la victoire. Comment douter? Les détails abondent.

Le surlendemain, seulement, rapport du général Ducrot.

Aveu de l'évacuation presque immédiate des positions conquises. Puis le *refrain mortuaire*, que vous connaissez, glaçant jusqu'aux os les plus intrépides. Seule variante : on a perdu deux canons.

Ce que le général Ducrot ne disait pas, c'est qu'il n'avait demandé ni reçu aucun renfort pour appuyer ou remplacer ses 25,000 hommes d'abord victorieux, écrasés bientôt par des masses se multipliant sans relâche. Qui croira jamais qu'aux portes d'une ville courageuse et dévouée jusqu'à la mort, regorgeant de défenseurs, de vivres et de munitions, un corps d'armée a manqué de tout, même de cartouches ? Il est vrai que la belle conduite des troupes valut au général un ordre du jour ronflant.

De cette série de défaites, quel enseignement se dégage? Si les sorties, tentées avec des forces inférieures, n'avaient pas pour objectif l'occupation de positions capitales, elles n'avaient pas de raison d'être. C'est trop pour une reconnaissance, pas assez pour un combat.

Les Prussiens eux, « *ces Mohicans sortis de l'Ecole polytechnique,* » ne suivent pas les mêmes errements. Veulent-ils cacher leurs marches? ils se dérobent derrière le rideau de leurs fantastiques uhlans. S'agit-il de s'édifier — sans espions — sur nos travaux? hourrah ! les uhlans sont encore là. Deux pièces de canon, deux cents hommes les suivent et le but est atteint sûrement et sans grande perte.

Paris a-t-il été au moins renseigné sur la position et le nombre des assiégeants au prix de ces sacrifices, sans cesse répétés, et dont le souvenir évoquera toujours, à ses yeux, ces boues humaines, fétides et sanglantes, d'où retentissent, au milieu d'éclats d'obus et de débris palpitants, des hurlements de détresse ? — Jamais.

Les dires insuffisants des francs-tireurs, les rapports de

quelques espions ont seuls permis de conjecturer qu'à Paris la tactique prussienne, défensive menaçante, paraissait consister à établir un blocus hermétique au moyen d'une série de camps retranchés, disposés triangulairement et rattachés entre eux par des voies d'informations et de communications rapides. Quant aux intervalles, ils étaient remplis, assurait-on, par des corps détachés et des éclaireurs. On n'en sut jamais plus long.

Temps perdu, hommes égorgés, ennemi averti et tâté, Trochu se retire dans un repos, dont la longue durée lui permit à coup sûr de revoir, de corriger, et de considérablement augmenter son fameux plan déposé chez... M° Ducloux, notaire.

En attendant, la vie devenait dure à vivre. Aux journées chaudes et ensoleillées avait succédé un temps gris et pluvieux. Il ne faisait pas encore froid, mais il faisait humide. Humidité malsaine, spéciale à Paris, et rendue plus nuisible encore par la malpropreté forcée des rues et des boulevards.

Les provisions particulières tiraient à leur fin. Les vivres commençaient à se faire rares et partant chers. Certains produits, certaines denrées avaient déjà presque totalement disparu. Sans les maraudeurs, on n'eût pas mangé de légumes frais, et tempéré ainsi les ardeurs d'un régime échauffant,

Au 20 septembre, on mangeait à Paris 15 chevaux par jour ; fin octobre on en dévorait plus de 1,000. Leur prix s'était de 3 fr (3 fr. vous avez bien lu, l'attelage pour cent sous, en marchandant), élevé à 700 fr.

Dès le début du siège, on n'avait cessé de réclamer la réquisition et le rationnement. Mais ce procédé, qui, bien appliqué, eût sauvé Paris de la misère et... de la défaite qui sait ? était trop révolutionnaire, c'est-à-dire trop simple et trop juste pour être adopté. Sainte Routine préféra nommer une commission, qui se subdivisa en plusieurs sous-commissions, qui choisirent des rapporteurs, qui déléguèrent un des leurs, chargé d'entendre et de consulter les hommes soi-disant spéciaux. Avec ce déplorable système, la population parisienne fut victime d'expérimentations *variées*, qui non-seulement lui infligèrent des gênes intolérables pour tout autre, mais eurent pour résultat, autrement grave, d'encourager le gaspillage de ses provisions, etc., etc.

. . . .

Le mécontentement était grand, le malaise général. Personne ne se plaignait, mais on ne riait plus volontiers, — symptôme grave. — Au bastion, où toute l'animation de la ville s'était réfugiée, de longs silences et des fusils mal entretenus.

Paris s'éteignait graduellement. — Le canon des forts lui-même se taisait.

Quant au Gouvernement, il était muet. Subissait-il lui aussi sa maligne influence, ou bien combinait-il, avec Trochu, un plan nouveau ? Mystère.

Quand on interrogeait le sphynx de l'Hôtel-de-Ville, il avait des façons toutes particulières de répondre. A une série de questions fort graves et fort embarrassantes, il est vrai, d'un jeune journaliste, il riposta par un mandat d'arrêt. Comme sous l'Empire ? Oui, et avec la circonstance aggravante de la cour martiale.

Vivre sans nouvelles et replié sur soi-même est un supplice, qu'il faut avoir enduré pendant une éternité de cinq mois, pour en comprendre toute l'horreur. Ce silence qui pesait, comme la pierre du tombeau, sur une population de plus de 2,000,000 d'habitants, fut certes la plus terrible de toutes nos épreuves. Paris sans nouvelles ! mais c'est l'oiseau sous la cloche pneumatique ; la suffocation, la mort !

Enfin, par quels miracles ? des journaux de la province et de l'étranger arrivent. — Il était temps ! — Immédiatement reproduits, dévorés, ils sont commentés à l'infini. — Ils nous apprennent les événements de Marseille et de Lyon, les sorties de Bazaine, la marche de l'invasion : Châteaudun, Orléans. — Par eux nous savons les nouvelles de Rome et de l'Espagne et l'installation en province de Gambetta, comme ministre de la guerre. Bravo !

Après les nouvelles, les bruits, les rumeurs : menées Bonapartistes, Orléanistes, Légitimistes. — Désaccord entre Tours et Paris. — Dissensions à l'Hôtel-de-Ville. — Arrivée prochaine de Thiers, négociations entamées, armistice probable.

28 octobre. — Le journal *Le Combat* publie en tête de ses colonnes un entrefilet, encadré de noir ; il assure que Metz va capituler, livré aux Prussiens par le glorieux Bazaine, au nom de S. M. Napoléon III, et que le Gouvernement, instruit de ce fait, le détient comme un secret d'Etat.

Stupeur. — Colloques animés et violents. — Sentiments divers. — On se refuse surtout à croire que le Gouvernement sait et cache la vérité. — Tolle général : la foule saccage les bureaux du journal.

Longtemps encore la question Bazaine passionnera les Parisiens, longtemps encore on voudra douter d'une telle infamie. — Les pièces du honteux dossier ne nous parviennent qu'une à une et à de rares intervalles.

Peuple de Paris, tant de fois trahi, toujours trompé, bon et crédule quand même, te garderas-tu, un jour, des Judas et de leurs plans ?

Même date. Prise du Bourget par quelques francs-tireurs Cette fois pas de général ni de plan : aussi pas de retraite honorable. « Nous avons le Bourget et nous le garderons. » (Rapport de Bellemare).

2

29 *octobre*. — Toujours Bazaine et *Le Combat*. Note à *l'Officiel* flétrissant les manœuvres du journaliste. Riposte de Pyat : il tient le fait de Flourens, Flourens le tient de Rochefort. — Démentis des uns, affirmations des autres, gâchis de contradictions.

30 (*dimanche*). Reprise du Bourget par l'ennemi. — Pendant les 48 heures d'occupation, on n'avait songé à y envoyer ni renforts, ni canons ; on n'y avait élevé aucune défense !

La surprise fut double. Pour la première fois, les Prussiens n'observaient pas le jour consacré au Seigneur, dont ils se proclamaient les envoyés et les justiciers. — Oh ! ces piétistes !

La coupe était pleine. L'échec du Bourget fut la goutte d'eau qui la fit déborder.

Paris est inquiet et menaçant. — On sent venir et grossir l'orage. — Un vent d'émeute passe sur la capitale comme un frisson.

Le 31, l'horizon s'illumine, sinistre. Deux coups de foudre, deux affiches blanches sur les murailles : — Metz et Bazaine, Thiers et l'armistice. — Aveux du Gouvernement. — Indignation générale.

Tout Paris se porte à l'Hôtel-de-Ville instinctivement. La foule, où se coudoient toutes les opinions, toutes les classes, houleuse et agitée n'est encore ni menaçante, ni hostile.

Que veut-elle, que demande-t-elle ?

Pas d'armistice.

Il lui faut la réquisition générale, le rationnement immédiat. Elle réclame la lutte à outrance, comme à Saragosse et à Moscou, et la levée en masse ; elle n'entend abandonner ni un pouce de terrain, ni une pierre, ni un écu. — Pour réaliser ce programme, elle exige la Commune.

Qu'est-ce donc que la Commune de Paris ?

Pour ses adversaires, c'est l'échafaud et la proscription. le désordre organisé, la France livrée aux Prussiens de l'extérieur par les Prussiens de l'intérieur, leurs complices.

Ses partisans — les exaltés, il importe de les distinguer — assurent qu'elle seule peut sauver la France d'un retour aux anciens régimes et chasser le Prussien. Ils rêvent les grands jours de 92, — sans les comprendre. Et ces pygmées, politiques de café, orateurs de clubs, gardes nationaux sédentaires — et encore ! — se croient des géants. Ils veulent hâter leur avénement, ils le rendent impossible,

Beaucoup — les vrais républicains ceux-là — réclament une Commune ou, pour mieux dire, une Municipalité, appropriée aux temps, aux mœurs, aux besoins. Dans un intérêt de concorde, ils s'étaient ralliés au Gouvernement, malgré son refus persistant et inexplicable de remplir ses promesses (5 et 28 *septembre*), de restituer au peuple qui l'a acclamé, un droit indéniable : la libre élection d'une Municipalité fortement établie. Mais devant les hésitations, la mollesse et les fautes d'un pouvoir né du danger, devant son impuissance à conjurer le péril, leur inquiétude était grande. Ils se demandaient avec anxiété si nos gouvernants — par leur incapacité — n'allaient pas, comme en 48, favoriser la réaction et nous mener à l'abîme ; s'ils ne nous conduisaient pas insensiblement et à leur insu, — à un nouveau Sedan, à un second Metz. — Martingale effrayante !

Elle leur était étrangère, la pensée de s'introniser à l'Hôtel-de-Ville, et d'y imposer les hommes et le mot d'ordre d'un parti ou d'une coterie quelconque. Leur municipalité n'eût supplanté personne ; elle eût été l'éperon et non la force motrice. Loin d'entraver la marche du Gouvernement de la défense nationale, elle l'eût soulagé des détails absorbants de l'administration intérieure, éclairé de ses conseils et fortifié de toute son autorité, régulière et acceptée par tous.

A quatre heures, l'Hôtel de-Ville, forcé et envahi, allait consentir une transaction honorable, d'où serait sorti le calme et le salut — il est permis de le croire — quand arrivèrent les majors et les pontifes de la fausse Démocratie, suivis de leurs séides. Impuissants à organiser un mouvement, ils venaient récolter le fruit d'une explosion populaire et spontanée. Ils gâtèrent tout.

Les salons de l'Hôtel-de-Ville furent alors le théâtre de scènes où le burlesque le disputait au tragique.

Au dehors, les boutiques fermées. — La générale sans interruption. — La rue obscure et déserte. — Les bataillons de la garde nationale, indécis sur l'attitude à prendre, se massaient tout le long de la rue de Rivoli ; derrière eux la mobile, la gendarmerie à cheval, du canon. — Soixante mille hommes, piétinant — sous une pluie fine et persistante, — dans le macadam liquide.

D'accord avec Picard, Trochu et J. Ferry, parvenus à s'échapper des mains des tirailleurs de Belleville, faisaient cerner l'Hôtel-de-Ville dont les fenêtres flamboyaient dans la nuit, et où leurs collègues étaient retenus en otage.

Après des pourparlers longs et inutiles, J. Ferry n'hésite plus à faire intervenir l'armée dans nos discordes civiles ; au risque d'amener une effusion de sang, il introduit par un souterrain dans l'Hôtel-de-Ville, machiné comme une féerie, un bataillon de mobiles bretons, la baïonnette en avant.

Sauve-qui-peut général !

Des promesses pourtant avaient été faites, elles ne furent pas tenues : des arrestations eurent lieu quelques jours plus tard, et on refusa jusqu'à la fin du siége aux accusés du 31, qui n'avaient pas été provisoirement élargis, la liberté ou des juges.

On devait procéder dans les 48 heures aux élections des 80 membres de la Commune. Un placard, signé par plusieurs des membres du Gouvernement, Dorian entre autres, convoquait les électeurs pour le mercredi, heure de midi. Mais en 24 heures les affiches gouvernementales se succédèrent sur les murs — « *kaléidoscopiquement.* » — Leur prétention était d'expliquer aux citoyens le sens et la portée du vote. — Telles étaient ces explications qu'elles eurent besoin d'être expliquées et restèrent inexplicables. — Une quatrième affiche enfin pose nettement la question suivante : « *La population de Paris maintient-elle, — oui ou non — les pouvoirs du Gouvernement de la défense nationale?* »

Mais c'était un plébiscite? — Vous l'avez dit.

Le vote eut lieu le jeudi 3 *novembre*, au milieu du plus grand calme.

Résultat prévu : 62,638 non, 557,996 oui.

Sans prétendre atténuer ce succès, il faut dire que les désordres de la nuit du 31 furent habilement exploités. Le spectre rouge, qu'on croyait enterré, avait été pour la circonstance exhumé et rhabillé ; heureux de cette résurrection, il joua consciencieusement son personnage, et retrouva avec plaisir mais sans étonnement, son fidèle troupeau de plébiscitaires.

Il faut savoir aussi que le nombre des bulletins *oui*, déposés dans les urnes avec une mention restrictive ou conditionnelle, fut tel que, malgré leur inconstitutionnalité, on recula devant leur annulation.

Il serait curieux et instructif de poser aujourd'hui, 10 février, la même question à la population parisienne (1).

Accorderait-elle, je ne dis pas un bill d'indemnité, mais seulement des circonstances atténuantes aux hommes du

---

(1) Ces lignes étaient écrites avant de connaître le résultat des élections de Paris.

4 septembre? — Les élections pour l'Assemblée nationale nous édifieront à cet égard.

Dès le 4 septembre, notre Provisoire avait, vous ne l'ignorez pas, confisqué à son profit l'élément municipal. Le maire de Paris, ceux des arrondissements, leurs adjoints, — nommés par lui, — n'étaient dans sa main que des instruments dociles et... surveillés. Un d'eux, s'étant mêlé d'agir par lui-même, fut révoqué malgré les ardentes et unanimes sympathies de son arrondissement (XIe). — En reconnaissance de ses 557,996 oui, le Gouvernement octroya à la capitale la permission de désigner elle-même les maires et les adjoints de ses vingt arrondissements. Et, comme une telle dose de liberté n'avait pas été administrée depuis longtemps, elle fut — prudemment — divisée en deux paquets. Election des maires le 5, des adjoints le 7.

Belles journées pour les colleurs d'affiches! Certains noms, empruntant les mille couleurs de l'arc-en-ciel, s'étalaient jusque dans les... recoins les plus intimes.

Paris donna une nouvelle preuve de force et de sagesse, en choisissant, pour édiles, les plus capables parmi les républicains sincères.

Quant à la mairie centrale, J. Ferry trouva moyen de s'y substituer — de son propre chef — à Arago.

De ceux qui, le 31 octobre, avaient solennellement promis la Commune dans les 48 heures, Rochefort et Adam furent les seuls qui donnèrent leur démission. — Le successeur de Kératry fut remplacé à la police par Cresson — avocat. — Rochefort conserva la présidence de la commission des barricades. Elevées à l'entrée des faubourgs, reliées au chemin de fer de ceinture, ces défenses, vraiment parisiennes, devaient présenter à l'assaillant des obstacles sérieux.

L'attention publique toutefois n'était pas absorbée par ce remue-ménage au point d'avoir oublié les négociations entamées. On surveillait (les uns avec colère, d'autres avec joie), Thiers et ses allées et venues entre Paris et Versailles. On constatait de sérieux symptômes d'armistice, de paix peut-être : les canons, bouches maintenant inutiles, dormaient sur leurs affûts ; les magasins de comestibles, vides la semaine dernière, s'étaient, comme par enchantement, garnis de victuailles et de friandises ; les cours de la Bourse s'amélioraient ; enfin les capitulards, s'empressant de faire parade d'un courage désormais inutile, ne parlaient que de pourfendre les armées de Guillaume.

Bismarck ne prétendit pas, il vous en souvient, accorder l'armistice avec ravitaillement. Au 19 septembre, le Gouvernement annonçait que des vivres étaient assurés pour deux mois et demi ; depuis, il avait négligé de se mieux renseigner ; se croyant bientôt au bout de ses ressources, il se hâta de rompre les négociations.

Le rejet de l'armistice (6 *novembre*) consterna les partisans de la paix... à outrance. Ils renoncèrent à leurs rodomontades, maintenant dangereuses, se réfugièrent qui dans le personnel des ambulances, qui dans les fissures administratives. La Bourse baissa et les commerçants rencavèrent les légumes secs, les huiles, les fromages, les salaisons, les pommes de terre, attendant pour les écouler avantageusement que « les Parisiens tirassent la langue. »

Les patriotes croyaient à la reprise immédiate et vigoureuse des hostilités. Mais le canon des forts ne se hâtait pas de recommencer son œuvre de destruction. D'accord — pour cette fois — avec l'esprit de la population, l'*Électeur libre*, journal des frères Picard, demanda pourquoi nos artilleurs se croisaient les bras. Il insinuait, et il devait être bien renseigné, que les négociations étaient sans doute renouées.

L'Hôtel-de-Ville accréditait, par son silence, cette énervante supposition. Différentes mesures qu'il prit alors, modifiées le lendemain pour être expliquées ou rapportées deux jours après, accusaient sa perplexité. On ne l'appelait plus que le Gouvernement des *errata*.

Paris s'engourdissait et s'attristait.

Réduction de l'éclairage.— Fermeture de beaucoup de magasins. — Réquisitions de tout genre... mal conduites. — Les buffets et les bourses vides. — Stationnement plus nombreux aux fourneaux économiques et aux cantines nationales. — mendicité croissante, — mortalité inquiétante, — temps affreux à ne pas mettre un pigeon à la poste. — Rumeurs étranges. — Trochu prononce l'oraison funèbre de la France et de la République. Par testament placardé à 10,000 exemplaires, « il transmet à la Prusse un héritage de malédiction et de haine, sous lequel elle succombera à son tour. » Incertitude sur le sort et même sur l'existence des armées de province. — Découragement général : tout est perdu. (14 *au matin*).

14 *au soir*. — Tout est sauvé.

Victoire d'Aurelles de Paladines à Orléans. — Avec sa merveilleuse élasticité, Paris a rebondi. Honneur aux frères de la province ! On leur doit une victoire sous les murs de la capitale, on ne la leur fera pas attendre !

C'est sous cet heureux auspice, aux échos de la canonnade des forts, à la nouvelle de la prise de Champigny par les éclaireurs de la Seine, que commence la seconde phase du siége : *organisation de l'attaque*.

La guerre sous Paris est une guerre d'artillerie, mais le matériel fait défaut ; la routine et le mauvais vouloir des corps spéciaux nient en vain la possibilité de le fabriquer sur place. Paris ouvre des souscriptions (*des canons, encore des canons, toujours des canons !*), et fait appel à tous ses corps d'état. D'un bout à l'autre de la ville, l'industrie privée, improvisant un outillage merveilleux, travaille, fond, forge, lime, ajuste. Chaque jour, on amène triomphalement à l'Hôtel-de-Ville, des mitrailleuses, des canons, des batteries entières. Le peuple y traîne sa réponse à Bismarck : la *Populace*, pièce énorme payée sou par sou, et la *Grosse Joséphine* prend place sur nos bastions.

L'obstination et l'énergie d'un ministre civil (Dorian), purent seules amener le comité d'artillerie à employer ces pièces nouvelles, supérieures aux anciennes, mais non conformes au règlement.

La ligne, la mobile, s'éprouvent au feu dans d'incessants combats d'avant-postes.

La garde nationale qu'on a dédaignée, raillée, abreuvée de corvées et de dégoûts, va enfin prendre au péril la part qu'elle n'a pas cessé de revendiquer. — Malgré les essais abandonnés d'appels de classes, malgré les contradictions, les injustices, les catégories de mariés, de non-mariés, les décisions arbitraires des commandants, les décrets et les contre-décrets, les bataillons mobilisés s'organisent en régiments de marche. — Bientôt à Bondy, partout ensuite, les soldats-citoyens étonnent les vieux généraux par leur bravoure et leur solidité.

Nous avons trois armées, commandées par Ducrot, Vinoy et Clément Thomas, ce dernier remplaçant Tamisier. Des redoutes nouvelles relient nos forts entre eux ; à la tête des neuf secteurs de notre enceinte sont placés des contre-amiraux, justement renommés. Notre flottille cuirassée balaie les deux rives de la Seine.

Le Gouvernement lui-même, encore sous le coup de fouet du 31 octobre, aiguillonné par Gambetta qui, dans chaque dépêche, se plaint de son inaction, paraît renoncer à son système d'hésitations et de demi-mesures. Il annonce *l'attaque,* mais l'attaque dans des conditions telles que le succès sera inévitable ; l'attaque, avec le renversement des rôles, avec les masses de troupes, les grosses réserves, les mouvements tournants, l'artillerie pour nous.

Tout est prêt. — Pourquoi tarder ? Pourquoi ne pas harceler sans cesse et sur tous les points les Prussiens sous Paris ? Pourquoi leur permettre ainsi de détacher, peut-être, des corps entiers destinés à écraser nos armées de secours ? — Pourquoi ?

Les jours se suivent et se ressemblent. — J. Favre et Bismarck rompent des lances diplomatiques. Versailles, avec son *Moniteur Officiel*, nous envoie des nouvelles dissolvantes. Les cocottes, un instant pourchassées, reparaissent dans les cafés, ouverts maintenant jusqu'à minuit, plus nombreuses et plus éhontées. Elles envahissent certains clubs, véritables succursales du jardin Mabile. On va à l'Opéra, aux Français, à la Porte-Saint-Martin ; il est vrai qu'on y entend, outre les chefs-d'œuvre des maîtres, les châtiments de V. Hugo, et qu'on y quête, pour des entreprises patriotiques, dans des casques prussiens. Les églises elles-mêmes se mettent de la partie, et exécutent des Requiem... prophétiques. On parle tout bas de la reprise d'Orléans, de visites de Napoléon III à son bon frère Guillaume. Le froid, la faim, la misère augmentent. Le découragement nous guette ; il n'a pas renoncé à saisir sa victime. Il est temps d'en finir.

La 73e journée de siége commence.

Dimanche 27 novembre. — Fermeture des portes de Paris. — Défilé de l'armée et de la garde nationale. Les soldats ont des vivres pour 7 jours. Où vont-ils ? Emotions et espérance.

Lundi 28 novembre. — Canonnade incessante toute la nuit. — Préparatifs sinistres aux ambulances. — Paris est morne et dépeuplé. — Ceux qui ne sont pas partis sont aux remparts. — Des hauteurs de Montmartre on voit pleuvoir les bombes sur Argenteuil et Bezons.

Mardi 29 novembre.— Impossible de dormir. Les forts, les redoutes, les bastions tonnent sans interruption. Trochu « mettant sa confiance en Dieu, marche en avant avec 150,000 hommes et une artillerie formidable. Ses frères l'appellent au dehors pour la lutte suprême... » Ducrot « ne rentrera dans Paris que mort ou victorieux. » Le Provisoire « compte sur le succès ; il ne se laissera abattre par aucun revers. » — Toute la journée, bruits de victoire. Un publiciste hasarde un doute ; *La Liberté* (le journal) est brûlé sur les boulevards.

Mercredi 30 novembre. — Engagement qui, commencé le matin, ne s'arrête qu'à la nuit. — Interdiction aux journaux de relater les faits de guerre (système Ollivier).

Jeudi 1er décembre. — Rapport de Ducrot. — Repos accordé aux troupes.

Vendredi 2 décembre. — Anniversaire du coup-d'Etat et d'Austerlitz. — L'ennemi prend l'offensive. — Brillante et dure journée. — Nos troupes victorieuses repassent la Marne, frémissantes sous les ordres de leurs chefs, et vont bivouaquer à Vincennes pour rentrer bientôt dans Paris... avec Ducrot.

Des incidents *impossibles à prévoir* avaient fait échouer le plan Trochu. — La Marne n'avait pas été passée à temps — par insuffisance des équipages de pont. — Il avait gelé... en décembre ; et l'ennemi avait exécuté un retour offensif .. encore !

De leur propre aveu, les Prussiens étaient perdus si la lutte avait continué le 3. Les journées précédentes avaient été plus meurtrières pour eux que Reischoffen et Gravelotte. Leurs hommes harrassés mouraient de faim et de froid ; leurs attelages refusaient d'avancer. Nos soldats, eux, ne demandaient, pour se réchauffer, qu'à recommencer leurs charges à la baïonnette de Bry, Champigny, Epinay, Villiers, Montmesly et la gare aux Bœufs (Choisy-le-Roy).

Les pertes de l'armée française étaient considérables : 7,000 hommes environ hors de combat. Trochu, au moins, restait maître du plateau d'Avron, seul objectif assigné — après coup — à cette furieuse sortie. Cette importante position, si chèrement conquise, allait sans doute, comme celle de Villejuif, être fortifiée sans retard et devenir inexpugnable.

Malgré le mince résultat d'une expédition si pompeusement annoncée, Paris ne perdit pas confiance. Les nouvelles de la province et de l'étranger étaient excellentes du reste : l'armée de la Loire était à Montargis ; au 1er janvier la France aurait un million d'hommes sous les armes et compterait une batterie par cent mille habitants. La foule, grave et recueillie aux abords des mairies, ne se lassait pas d'entendre la lecture des dépêches de Tours qu'elle saluait du cri de : *Vive la France! Vive la République!* La question d'Orient, ce mal chronique de l'Europe, se réveillait amenant des complications dont on ne manquerait pas de profiter. On avait enfin reçu des communications particulières toutes rassurantes.

Aussi supportait-on facilement toutes les privations, et elles étaient grandes.

Le thermomètre, descendu au-dessous de zéro, oscillait entre — 5° et — 15°. La neige, tantôt verglas, tantôt boue glacée, rendait la circulation pénible. On ne se hasardait pas au dehors, sans la protection d'une peau de mouton ou d'une épaisse couverture. Le charbon, le bois manquaient et l'insuffisance de la nourriture ne permettait pas de réagir contre les rigueurs d'une température exceptionnelle. Tout ce qui peut décemment se manger avait été depuis longtemps taxé, réquisitionné et rationné... et encore fallait-il attendre des heures entières à la porte des boucheries municipales pour obtenir, tous les deux jours, sur la présentation d'une carte spéciale, une maigre portion, rognée chaque fois, de cheval, de salaison ou de poisson fumé; heureux quand l'administration pouvait y ajouter une poignée de riz ou de légumes secs ! La cuisson de ces aliments devenait un problème presque insoluble : les ménagères, péniblement accroupies devant l'âtre, ranimant, de leur souffle épuisé, quelques restes de bois, versaient dans la casserole, d'une main avare, une huile douteuse ou une graisse réservée jusque-là à d'autres usages. Elles pleuraient en épluchant des oignons à 55 fr. le boisseau, des poireaux à 0,50 c. la tête. De légumes verts, vendus à la livre dans les derniers temps, il n'était plus question. Les pommes de terre valaient leur poids d'or, depuis que les maraudeurs avaient disparu, décimés par la fusillade prussienne (20 *novembre*). Aux millionnaires seuls pour 50, 120 et 200 fr. des oies maigres et incapables de sauver le Capitole, des lapins sans tambour et des poulets veufs de leurs entrailles sacrées. Le chien (4 à 6 fr. la livre), le chat (25 fr.), le corbeau (5 fr.), les petits oiseaux eux-mêmes (0,50 c. à 0,75 c. pièce), chassés jusque dans les rues, étaient devenus des mets de luxe. Il fallait recevoir à sa table un ami — retour des avant-postes — pour tuer le rat gras.

Avec un tel régime, le lait des nourrices se tarissait; en vain les mairies distribuaient-elles le produit de leurs 5.000 vaches, conservées exprès, et un simili-liquide (lait végétal) fabriqué par la science, les nouveaux-nés étaient tous fauchés — véritable massacre des Innocents. La mort insatiable moissonnait, à pleins bras, dans le champ des vieillards et des malades; un supplément de nourriture, obtenu à grande peine, ne servait qu'à prolonger leur agonie de quelques jours.

Le vin, les alcools, le tabac seuls ne firent jamais défaut et on en... usait largement. Le gaz, de plus en plus rare, et réservé au gonflement des ballons, s'était éteint dans les maisons d'abord, dans les établissements publics ensuite, puis dans les rues, enfin dans toute la ville (30 *novembre*). La lueur fumeuse d'innombrables lampes à pétrole suppléait difficilement à sa flamme vive et joyeuse.

Mais d'un éclat inaltérable brillaient la confiance et la gaieté parisiennes.

Aussi accueillit-on avec incrédulité la lettre de De Moltke, mandant à Trochu la reprise d'Orléans et la défaite des nôtres. C'était un piége de l'ennemi, disait-on, ou une ruse de Chanzy qui, sacrifiant une division, dérobait ses mouvements et accourait à marches forcées. L'arrivée de pigeons (10 *décembre*) porteurs de dépêches alarmantes mais fausses, obtint, quelques jours après, un succès de fou rire. Cette malice germanique était cousue de fil blanc et signée Lavertujon, alors présent à Paris. Gris-Meunier et Gros-Rouge, noms des deux messagers, furent facilement reconnus pour avoir fait partie de l'équipage du ballon *le Daguerre*, tombé le 12 novembre aux mains des Prussiens. On leur fit fête et ils devinrent populaires. La vérité ne tarda pas à être connue : des pigeons, officiels cette fois, nous apprirent l'évacuation d'Orléans par notre armée et la retraite du Gouvernement à Bordeaux. On fut obligé de renoncer aux illusions un instant caressées : déroute et mort du prince Charles, arrivée de Chanzy, etc.; mais telles étaient les dispositions du peuple de Paris, tel était son besoin d'espérer qu'il tira de ces renseignements les meilleurs augures : l'armée de la Loire est coupée en deux; tant mieux, nous aurons deux armées au lieu d'une. Faidherbe d'ailleurs n'opère-t-il pas dans le Nord; et Garibaldi, dans l'Est, ne tient-il pas en échec des forces considérables ?

L'assurance, donnée par plusieurs journaux, que le pain allait être rationné, put seule émouvoir un instant la population. La panique fut grande. Dès six heures du matin, les boulangeries assaillies, pillées parfois, n'avaient plus de pain. Le Gouvernement fit à plusieurs reprises (12 *et* 15 *décembre*) afficher partout et dans les boulangeries que non-seulement le pain ne serait pas rationné, mais que la viande ne manquerait pas de longtemps. L'insuffisance des moulins établis dans Paris, et celle des moyens de transport étaient les seules causes, J. Ferry le disait du moins, pour lesquelles certaines boulangeries (celles des arrondissements pauvres, par malheur !) n'avaient pas reçu en temps leurs provisions quotidiennes. Mais en même temps on interdit la vente au détail de la farine et la fabrication du biscuit. On avait déjà mis un terme au gaspillage du pain, donné aux chevaux faute de fourrages. Quoiqu'il en soit, les queues commencèrent dès lors aux portes des boulangers, et le pain, jusque-là d'une blancheur éblouissante, prit chaque jour une teinte plus bistrée.

La température cependant s'était adoucie. On était en plein dégel. Le froid rigoureux des derniers jours avait mis obstacle aux opérations militaires ; aujourd'hui la débâcle, avec les routes défoncées, ne permettait guère une sortie. On devait patienter jusqu'à ce que le terrain se fût raffermi. Il fallait attendre aussi que le feu des forts eût disloqué les travaux des Prussiens, poursuivis malgré la gelée. Les marins s'acquittaient de cette tâche à la satisfaction générale. Leurs pointeurs étaient d'une adresse surprenante ; à tout coup ils faisaient mouche. L'obscurité de la nuit ne les arrêtait pas ; ils fouillaient les ténèbres avec le jet puissant de la lumière électrique : malheur aux Prussiens surpris alors en flagrant délit de construction de batteries !

Enfin le moment était venu et cette fois *la trouée* paraissait possible, certaine même. Il y eut contre-ordre.

Les Prussiens, avertis, avaient concentré des forces considérables sur le point menacé. Qui les avait si bien renseignés? on ne le sut jamais. Mais les soupçons, à tort ou à raison, se portèrent sur les chefs et les attachés d'état-major. Précédemment déjà, des relations d'un caractère douteux s'étaient établies aux avant-postes entre des officiers français et l'ennemi. Un ordre du jour flétrissant avait-il suffi pour y mettre fin?

Trochu prend de nouvelles mesures, redouble de précautions, puis, *le dimanche* 18, il annonce — à son de trompe — la fermeture des portes pour le lendemain à midi. A bon entendeur, salut! Les Prussiens, qui n'ont jamais cessé de recevoir nos journaux quelques heures après leur publication, se le tiennent pour dit, et l'attaque du 21 les trouve partout prêts à nous recevoir.

La bataille, duel formidable d'artillerie au début, s'étend du Mont-Valérien jusqu'à Nogent. Neuilly-sur-Marne, Ville-Evrard, Maison-Blanche sont enlevés. Le Bourget, fortifié avec soin, reste imprenable. Les marins s'élancent, en vain, à *l'abordage* de ses barricades. Sous les coups terribles de leurs haches les casques avec les têtes craquent et éclatent comme la noix mûre sous la dent. Abrités derrière des créneaux qu'on pouvait, qu'on devait battre en brèche, d'innombrables ennemis déciment — à coup sûr et sans danger — l'héroïque phalange.

Le froid, fatalité étrange, avait reparu la nuit même de notre sortie. Malgré son âpreté, on bivouaqua sur le terrain conquis. Trochu, dérouté de nouveau par ces imprévus, — il n'avait pas compté sur ces murs crénelés et ce retour du froid, — devança l'irritation populaire; « ce n'est là que le commencement d'une série d'opérations importantes, » assurait-il. Dès le lendemain et malheureusement, le général Blaise se laissait surprendre à Ville-

Evrard. Les jours suivants, les opérations militaires, compromises par cette négligence, se ralentirent et se trouvèrent à la fin forcément interrompues par la rigueur croissante d'une température sibérienne. Toutes les troupes, inutiles à la garde des positions conservées, furent cantonnées dans des abris. Aucun des bataillons de la garde nationale, sortis en grand nombre et pleins d'ardeur, ne voulait s'en revenir à Paris ; il fallut que le sort désignât les citoyens assez malheureux pour quitter les avant-postes.

Il y a loin de ce simple fait aux récits, parvenus jusqu'à vous, exagérés sinon mensongers, de l'abandon de leur poste par les gens de Belleville et de Montmartre ! Eh quoi ! ne savez-vous pas qu'il faut toujours *une tête de turc* à la réaction et aux journaux à succès ? On s'escrimait hier sur les faubourgs Marceau et Saint-Antoine ; on tombe aujourd'hui sur Montmartre et Belleville : à qui le tour demain ?

— Demandez-le à l'impur Villemessant.

La sortie rentrée de Trochu, les agissements suspects de l'Hôtel-de-Ville, qui, dès le 20 décembre, avait prononcé le mot d'*arrangement honorable*, étaient peu faits pour contenter la population et la dédommager de tous ses sacrifices. *La Patrie* se fit l'organe du sentiment public, et critiqua vivement les actes du Provisoire ; elle fut suspendue pour trois jours ! La presse, intimidée, resta muette et n'osa pas reproduire les nouvelles qui couraient toutParis. Ces rumeurs grossies sans doute, fausses peut-être, canards devançant les pigeons attardés, ne laissaient pas que de troubler les plus fermes. Le gouvernement prétendait n'avoir reçu aucune communication ni officielle ni particulière ; et cependant on savait, à n'en pas douter, que J. Favre avait prié M. Washburn, le ministre américain resté à Paris, de ne plus communiquer, même à ses amis, les lettres et les journaux remis pour lui, chaque mardi, au pont de Sèvres par un parlementaire prussien. L'amiral La Roncière seul avait reçu un billet, adressé du camp ennemi et partant plus que suspect, lui annonçant, sous prétexte de traiter l'échange de quelques prisonniers, une défaite de notre armée à l'est d'Amiens.

Paris, à cette époque de l'année, d'ordinaire si joyeux et si animé, était sombre et désert. Plus d'écho de bals masqués, plus de folles fanfares, plus de réveillon, plus de bûche de Noël : le foyer sans feu, la huche sans pain, le clairon austère et par dessus tout la voix sourde du canon. Sur les boulevards pourtant quelques maigres barraques, souvenir des temps heureux, étalaient leurs joujoux aux yeux pleins de convoitise de pauvres enfants tout déguenillés et bleuis par le froid. Les mères passaient vite, — le cœur gros ; — que mettre le soir dans le soulier de Bébé : une poupée ou du pain ? « Il n'y a pas de petit Jésus cette année, les Prussiens l'ont tué. » — A Berlin, du moins, l'arbre de Noël a dû verdoyer, sous sa rosée de sang et de larmes! Devant les cafés les petits Savoyards chantaient sur l'air connu :

> *E viva la Francia !*
> *E viva Garibaldi !*
> *Bismarck sera mangiato*
> *Per li mousiou Chassipot !*

Distrait de ses sombres réflexions par ce naïf refrain, le passant reprenait quelque espoir. Avec 1870 se terminerait, peut-être, la série non interrompue de nos malheurs !

Hélas! cette fatale année commencée, on s'en souvient, par un coup de pistolet, devait être couronnée par le bombardement de Paris.

Les Prussiens avaient hâte d'en finir. Depuis quatre mois Paris, où ils s'étaient flattés d'entrer « *comme dans du beurre,* » les retenait sous ses forts. L'empereur d'Allemagne n'était pas plus heureux que le roi de Prusse. Les auxiliaires, sur lesquels Bismarck avait compté : la *populace*, la faim, la mort, la misère, s'étaient tournés contre lui. Au lieu du « *Lupanar européen* » promis par lui à ses alliés et à ses soudards, Sparte se dressait devant l'arrogant Chancelier.

L'issue du siége, on le sait aujourd'hui, paraissait plus que douteuse aux généraux ennemis. Les efforts des francs-tireurs, pendant le mois de décembre, rendaient extrêmement difficile le transport des vivres et des munitions. Trois convois avaient été coupés coup sur coup. Les murmures et le mécontentement augmentaient de jour en jour dans l'armée d'investissement; on craignait des séditions. On n'était pas non plus sans inquiétude sur les opérations des armées de secours.

Que faire ? — Le *moment psychologique* serait-il arrivé ? Voyons. Faites avancer les canons Krupp, ces monstres d'acier, plus bourrés des doctrines allemandes que de poudre et d'obus.

(27-28 *décembre*) Commença alors — avec une rage froide — le bombardement des forts de Noisy, Nogent et Rosny et du plateau d'Avron. Cette position, si pompeusement qualifiée *Mont* dans les dépêches de Guillaume à Augusta, dut être évacuée après deux jours d'une canonnade furieuse. Trochu, pendant un mois entier d'occupation, avait négligé de s'y fortifier efficacement. L'ennemi put ainsi, sans obstacle, augmenter ses batteries de gros calibre et les rapprocher des points d'attaque.

Loin d'être intimidée par ce commencement d'exécution des menaces prussiennes, la population s'en réjouit.. presque. Enfin ! exclamait-on, les Allemands avouent leur impuissance ; réduits aux expédients, ils veulent nous donner le change sur leur défaite en province ou nous envoyer leur carte d'adieu p. p. c. ! Et l'on se prenait à souhaiter l'explosion des bombes sur la maison des *capitulards*. Un journal « *le Trac* », avertissait qu'il ferait distribuer ses numéros jusque dans les caves des peureux ; à ses abonnés il offrait pour asile « les sous-sols les plus intimes de la conscience d'H. Rochefort. »

1er *janvier* 1871.—Outre les dragées germaniques, Paris reçut, pour étrennes, la promesse d'une distribution extraordinaire de viandes conservées, de haricots, d'huile, de chocolat et de café. L'annonce de ces douceurs municipales mit toutes les ménagères en liesse. Mais quand vint l'heure solennelle de la répartition, elles se retirèrent furieuses et quasi mystifiées ; on leur avait, suivant l'expression populaire, promis *plus de beurre que de pain*.

Mystifiés et furieux aussi furent les citoyens en lisant les proclamations de Trochu et les notes *officielles* de ses collègues. Le premier essayait une justification timide de son inaction ; les seconds assuraient que leur union, qu'on ne mettait pas en doute, était aussi complète que celle des frères Siamois. Afin d'en donner une preuve surabondante, ils se réunissaient tous pour menacer *l'hydre de l'anarchie qui relevait la tête*. — Ebahissement général. Jamais Paris n'avait été plus calme. — Que voulaient donc ces honnêtes gens ? Renouveler les traditions du ministère du 2 Janvier et provoquer *une journée ?* Dans quel but ? Il ne s'agissait que de chasser le Prussien, et ils disaient : « *Nous ne voulons pas succomber, nous combattrons, nous ne nous humilierons pas devant l'étranger.* »
— On ne leur en demandait pas davantage.

Quant aux nouvelles, pas le plus petit pigeon pour nous dire :

... J'étais là ; telle chose m'avint.

En revanche, un vol nombreux de canards s'était abattu sur

la capitale : Mort de Napoléon III, folie de Guillaume, assassinat de Bismarck, défaite et blessure de Frédéric-Charles (2ᵉ édition). On se serait cru au 5ᵉ acte d'un drame de l'Ambigu : les traîtres punis, la vertu allait recevoir sa récompense. Les Parisiens délivrés n'avaient plus qu'à se jeter dans les bras des Polonais révoltés, des Bavarois convertis, et à proclamer avec leurs frères d'Allemagne — à la lueur des flammes de Bengale — la République universelle.

Bon nombre de citoyens « croyaient que c'était arrivé, » et se demandaient naïvement pourquoi Trochu ne renonçait pas à son plan incompris, pourquoi il en soumettait la révision à un grand conseil... choisi par lui. Quelle idée avaient donc les maires de Paris de vouloir s'immiscer dans la direction d'opérations militaires désormais inutiles? Pourquoi quelques-uns prenaient-ils la mouche sur le refus d'avocats autoritaires et donnaient-ils leur démission ?

C'est ce que leur expliqua le 43ᵉ pigeon... après s'être reposé pendant quelques jours des fatigues de son voyage : l'armée de la Loire, supposée à Étampes, puis à Gien, *vue* la veille à Choisy-le-Rois avait, en réalité, dû reculer jusqu'au Mans; Bourbaki *cachait* ses opérations; Faidherbe seul avait remporté deux succès à Bapaume et à Pont-Noyelle. C'étaient sans doute deux victoires à la Pyrrhus, puisqu'à leur suite il avait dû se replier sous les murs de Lille. Les conseils généraux avaient été dissous; pour quel motif? La province, qu'on prétendait plus révolutionnaire que Paris, répudierait-elle la République? La France « ce grand nid de guerriers » renoncerait-elle à la lutte? Et les commentaires d'aller leur train, et les malins, toujours mieux informés que les autres, d'assurer qu'il y avait eu des émeutes à Bordeaux, qu'il y existait le gouvernement, le co-gouvernement, le sous-gouvernement et en réalité pas de gouvernement; que les négociations étaient reprises avec

Versailles, et qu'Orléanistes, Bonapartistes et Légitimistes y intriguaient à l'envi. La réunion d'un congrès à Londres, l'invitation que J. Favre aurait reçue de s'y rendre, donnaient quelque vraisemblance à ce dernier cancan.

Si les avis étaient nombreux, les impressions diverses, tout le monde, sans exception, accusait le Gouvernement. Lisez les journaux de l'époque à quelque opinion qu'ils appartiennent, et vous serez édifiés. Paris peut et doit triompher seul ! Paris, renversant les rôles, doit et peut secourir au lieu d'être secouru ! De l'action, encore de l'action, toujours de l'action, et tout est sauvé ! Tel était le cri général, auquel l'écho de l'hôtel du président répondit enfin : « *Courage, confiance, patriotisme. Le gouverneur de Paris ne capitulera pas.* »

Et cependant, les obus, les bombes et les boulets pleuvaient dans la vieille Lutèce !

Déluge de fer et de feu, véritable trombe, déchaînée sur la capitale, déchirant l'air d'un sifflement sinistre et prolongé, s'abattant et détonant sourdement, avant de semer au loin, avec ses mille éclats, la dévastation, l'incendie et la mort. — Vacarme épouvantable, dans le silence de la nuit, auquel se mêlaient le roulement étouffé des tambours, le son aigre des clairons et la voix au loin retentissante de nos grosses pièces de marine.

Les premiers obus, entrés dans Paris, dans le plein Paris s'entend, franchirent l'enceinte, en arrière du fort de Vanvres, dans l'après-midi du 5 janvier. Les premières maisons atteintes furent celles avoisinant la place du Panthéon. Rue Fermat, près le cimetière Montparnasse, fut frappée mortellement la première victime. Se faisant illusion sur la portée des Krupp et les procédés psychologiques des soudards allemands, persuadé qu'il y avait erreur et que ces visiteurs d'un nouveau genre, brutaux mais encore rares, s'étaient égarés en route et avaient, par distraction, dépassé l'objectif assigné : les murailles des fortifications, le Parisien, s'endormit tranquille. Il fut bientôt réveillé en sursaut, lui qui ronflait au son du canon, par une série de détonations d'une proximité et d'une violence inaccoutumées.

Des hauteurs de Châtillon, les Prussiens qui dans la journée n'avaient fait qu'essayer leurs pièces, tiraient maintenant à pleines volées sur le quartier du Luxembourg. Ses habitants, demi-nus, par une nuit glacée, fuyaient affolés de terreur, traînant après eux des enfants encore endormis et pleurant sans savoir pourquoi. D'autres sauvaient à la hâte les pièces les plus précieuses de leur mobilier. Et pourtant, dans cette course suprême, beaucoup de ces malheureux s'arrêtèrent.. devant l'ambulance construite en planches, comme beaucoup d'autres, sur les terrains vagues du Luxembourg. De cet asile sacré s'échappaient en effet des cris de désespoir. Les soldats malades et blessés qui s'y trouvaient, vivement enveloppés dans leurs couvertures, furent en un instant chargés sur les épaules des plus robustes, soutenus par les plus faibles, et tout ce monde parvint à s'abriter non sans peine dans les mairies, les lycées, les églises et les maisons particulières qui s'ouvrirent toutes grandes.

Le lendemain, ce fut, sur les ponts, un défilé interminable de voitures de déménagement, de véhicules de tout genre et de charrettes-à-bras, suivis, conduits ou traînés par leurs propriétaires avec la même sollicitude, quelqu'en fût le chargement : meubles de prix ou buffets vermoulus, coffres armoriés ou hardes plébéiennes. Cette émigration de la rive gauche sur la rive droite continua pendant tout le temps du bombardement, suivant son intensité et ses progrès. Les fugitifs furent répartis dans les appartements et les locaux à louer ou inoccupés de l'intérieur de Paris. Déjà les réfugiés de la banlieue et les habitants de Saint-Denis, bombardé également, s'y étaient installés en partie. Bon nombre d'entre eux furent recueillis dans les villages de wagons, improvisés aux gares, ou dans les baraquements des moblots, élevés sur les boulevards extérieurs de Montmartre, etc.

Suspendu d'ordinaire de 4 à 8 heures du soir, le feu des Prussiens reprenait vers 9 heures et allait croissant de violence pendant toute la nuit jusqu'au grand jour. Ces intermittences et cette gradation, habilement combinées, rentraient, à coup sûr, et vous en saisirez le motif, dans la classe des moyens psychologiques chers à Bismarck. Parfois les artilleurs prussiens, dépassant sans doute leurs instructions, se livraient à un gaspillage de munitions de guerre que l'économe chancelier devait bien regretter. Dans les nuits du 9 au 10 janvier, du 13 au 14 et du 14 au 15, par exemple, ils nous envoyèrent plus de 2,000 projectiles. La nuit ? — Parbleu. — Et combien de victimes ? — Dans les mauvaises journées, leur nombre s'élevait au-delà de 30. La plus sanglante fut celle du 9 au 10. Pendant les 23 jours entiers (du 5 au 27 janvier) que dura le bombardement, il n'y eut, par bonheur, que 383 personnes atteintes, dans les rangs de la population civile. On avait d'ailleurs pris l'excellente habitude de coucher à la cave et de se jeter à plat ventre dans les rues dépavées au moindre sifflement suspect. Ces précautions indispensables donnaient lieu chaque jour à des scènes d'un haut comique, mais chaque jour aussi les larmes coulaient au récit d'épisodes touchants et lamentables.

Sur la rive gauche de la Seine, le bombardement se localisa dans la zone comprise entre les Invalides et le Jardin-des-Plantes. Toutefois quelques projectiles arrivèrent jusque sur la place de la Sorbonne et les quais. Un obus éclata sur le Pont-Neuf; d'autres, franchissant même la

Seine, troublèrent le calme traditionnel de l'île Saint-Louis. La rive droite ne fut pas non plus épargnée : le Point-du-Jour, Auteuil et Passy furent criblés par les batteries de Meudon, de Sèvres et de Saint-Cloud. Dans les derniers jours, La Villette *étrenna*, comme disent ses indigènes ; et tels étaient le nombre et la portée, augmentés chaque jour, des engins ennemis que, sans l'armistice, peu de quartiers eussent été à l'abri de leurs arguments insolites mais... renversants.

Quant aux dégâts matériels ils furent en somme peu considérables, si on en excepte la destruction des admirables serres du Muséum, des collections y annexées, et la dévastation du palais du Luxembourg. Le Panthéon, le Val de-Grâce, la Sorbonne, eurent leurs dômes troués ; Saint-Sulpice, l'Odéon, leurs corniches ébréchées. Bon nombre de propriétés particulières furent endommagées, mais peu de maisons furent traversées de part en part, éventrées ou détruites. La rue Monge, celles de la Tombe-Issoire, de la Chaussée-du-Maine et du Faubourg-Saint-Jacques furent les plus maltraitées. On n'eut à combattre que quelques rares incendies ; il était aisé du reste de les éteindre, à leur début, avec l'eau et le sable dont chaque maison avait, par ordre, fait provision suffisante. Par surcroît de précautions, certains propriétaires, non contents d'assurer à des compagnies spéciales leurs immeubles contre ces risques non prévus jusque-là, les avaient précieusement, tout comme le Louvre, les Bibliothèques et les Musées, recouverts de sacs en terre formant blindage.

Comment Paris accueillit-il ce bombardement sauvage, sans dénonciation préalable et dirigé principalement contre ses malades, ses blessés, ses vieillards et ses enfants ?
— Avec colère et indignation, mais sans peur. Pour faire respecter ses hôpitaux et ses ambulances, objectifs lâchement préférés des pointeurs ennemis, il y transporta les

prisonniers, et s'amusa tout un jour des terreurs comiques de ces braves Allemands. Puis il *courut aux obus*, comme jadis il était allé, sur les hauteurs, entendre le canon, ou aux avant-postes faire la nique aux soldats de Guillaume, *par partie de plaisir*. Le dimanche, aux endroits les plus dangereux, la garde nationale avait peine à tenir la foule à distance. Il y eut des victimes. Mais bast! on ne se bousculait que de plus belle pour ramasser, tout brûlants encore, les éclats meurtriers. Quand on revenait *bredouille*, on achetait, comme le chasseur malheureux le gibier, le morceau de fer convoité. Les gamins en faisaient un grand commerce, et s'en allaient criant : « *Demandez le presse-papier patriotique, un franc!* » Un beau *culot* nettement brisé valait cent sous ; pour cent francs on s'offrait un obus intact de 0,22 c. de diamètre, 0,55 c. de hauteur et du poids de 94 kilos ; on en ornait sa cheminée et on le maniait sans précaution comme si le moindre choc n'eût pas suffi à le faire éclater.

Le Parisien était devenu indifférent à tous les dangers, non par habitude ou légèreté de caractère, comme on est trop facilement porté à le croire, mais parce qu'il était prêt aux derniers sacrifices. Peu lui importait comment il mourrait, il n'avait que l'embarras du choix ; sa seule inquiétude, et elle était devenue poignante, était de savoir comment il vivrait.

Il manquait littéralement de vivres, de combustible et d'argent.

Sans doute le Gouvernement avait prorogé les échéances, suspendu le paiement des loyers et octroyé 1f. 50 aux soldats-citoyens et 0,75 c. à leurs femmes... *légitimes* ; mais ce n'était pas avec 45 sous par jour qu'un homme, même seul, pouvait se procurer le strict nécessaire. Les conseils de famille des bataillons n'allouaient, et pour cause, qu'un supplément de solde minime aux plus nécessiteux de leurs gardes. Le mont-de-piété lui-même, abaissant le taux de ses prêts, ne méritait plus la reconnaissance des malheureux. Les souscriptions, les quêtes enfin *rendaient peu*, malgré le meilleur vouloir. Chacun, sauf de rares exceptions, se trouvait à bout de ressources. Quant au crédit, il était mort.

Il eût fallu du reste avoir les mains pleines d'or pour se restaurer et se chauffer... à peu près.

Le bois était encore abondant dans certains chantiers, éloignés du centre de Paris ; seulement il coûtait, pris sur place, 25 fr. les 250 kil. et on se refusait à le débiter en moindre quantité. Il y avait bien, comme réserve, les immenses abattis de la zone militaire, du bois de Boulogne et de la forêt de Vincennes ; on en demandait, à grands cris, la mise en vente et la distribution, mais le gouvernement ne se pressait pas : il annonçait depuis quinze jours qu'il avait mis la question à l'étude, c'est-à-dire aux oubliettes administratives. Le thermomètre, lui, baissait toujours. Quand on eût brûlé ses malles, ses caisses à fleurs, les rayons de ses armoires et les pièces les moins indispensables de son mobilier, on procéda, avec ordre et méthode, au pillage de plusieurs chantiers et à l'enlèvement des planches clôturant les terrains vagues ou en construction. J. Ferry, *le membre du gouvernement délégué à la mairie centrale*, (le nom tout simple de maire lui avait sans doute paru trop mesquin ou trop... lourd,) se décida alors à faire distribuer tous les deux jours de légères brassées de bois vert à quelques centaines de privilégiés.

La question des subsistances ne fut pas plus mal résolue, elle ne le fut pas du tout. Il est vrai qu'elle n'était pendante que depuis le commencement du siége. Y avait-il encore ou n'y avait-il plus de vivres dans Paris? C'était difficile à dire. A ne s'en référer qu'au menu de plus en plus maigre et insuffisant des cantines municipales, et aux distributions des boucheries, tous les deux jours plus minces et plus disparates, la tablette de chocolat y alternant trop souvent avec le demi-hareng et les 100 grammes de cheval, on se prononçait hardiment pour la négative. L'affirmative au contraire vous semblait évidente devant les plantureux étalages des marchands de comestibles, devant la carte interminable affichée, par dérision sans doute, à la porte des grands restaurants. Les fruitières et les épiciers savaient au besoin dénicher des pommes de terre, des salaisons et du fromage. Sous le manteau on colportait de la viande dérobée aux abattoirs et aux ambulances. C'était un scandale permanent et une insulte à la misère publique. De temps à autre et de crainte que le peuple ne se fâchât à la fin, le Provisoire fulminait : à l'en croire, il allait pratiquer des visites domiciliaires et des saisies chez les détenteurs de denrées réquisitionnées. Sûrs de l'impunité, édifiés sur le compte du gouvernement, ces accapareurs continuaient leur impudent commerce, bien tranquilles. Ils l'étaient moins, quand la foule indignée s'ameutait à leur porte. Les *Vétérans*, fraction de la garde nationale chargée à cause de son âge ou de ses infirmités de la police du quartier, arrivaient alors et vendaient à la criée les comestibles garnissant le magasin. Leur prix, encore élevé mais raisonnable pour le moment, était remis au fur et à mesure à l'honnête négociant, qui se lamentait dans un coin, criant que *les Rouges, les Communeux étaient des scélérats, les Républicains des partageux et des voleurs*, etc...

Malgré tout et tant bien que mal on ne mourait pas. En allant de grand matin aux boulangeries, on avait chance d'avoir du pain. Il était bien mauvais, mais on le trempait dans le vin et l'on mangeait à peu près à sa faim.

Le 19 janvier, Paris fut privé de cette ressource suprême :
— le pain fut rationné.

On s'y attendait de jour en jour depuis la mi-décembre. Nul n'avait été dupe des promesses aussi solennelles que vides de J. Ferry, répétées alors sur tous les tons et toutes les murailles. On savait qu'à cette époque le Gouvernement, pour voir d'où soufflait le vent populaire, avait lancé un timide ballon d'essai. Mais, comptant pour se tirer d'affaire sur un miracle, peut-être sur une capitulation imposée par le peuple affamé, il avait reculé devant cette mesure qui, appliquée à cette époque, eût assuré à la défense vingt jours de pain en plus, et eût permis de porter la ration à 500 et 300 grammes, au lieu de la fixer à 300 pour les adultes et à 150 pour les enfants.

Aucun fait ne pouvait démontrer d'une manière plus évidente la gravité de la situation. Aussi pas le moindre murmure. On remarqua bien que dans certains quartiers, (vous devinez lesquels), le mélange de son, d'avoine, de riz, de seigle, de froment, ce dernier en proportions infinitésimales, qu'on nous servait, sous le nom euphémique de pain, était plus riche en froment, moins noir, moins humide ; on réclama une panification uniforme, mais ce fut tout. On blâma même le Gouvernement d'être descendu, dans une louable intention, certes, jusqu'aux us les plus tristes du Bas-Empire (1) et d'avoir fait appel aux plus vils sentiments en récompensant la délation. Des affiches officielles excitaient en effet les citoyens à rechercher les céréales non déclarées. Le quintal découvert et indiqué donnait droit à une prime de 25 fr.; une journée de député en 1848 !

300 grammes de pain, dont vous avez tous vu quelque échantillon, et 33 gr. 33 de cheval par jour, c'était peu.

Beaucoup, hélas ! ne connaissaient même pas ce trop

---

(1) Romain.

modeste ordinaire. Si d'aucuns ne cessèrent de savourer des poulets truffés et si les gens riches purent ajouter une *friandise innommée* à leur pain et à leur cheval, combien, descendus de l'aisance aux dernières limites d'une indigence fière et inavouée, ne purent-ils donner toujours à leurs enfants un pain insuffisant !

Ils n'ont pas de pain, qu'ils mangent de la brioche! disait une reine en 1789. En 1871, au coin des rues, le soir, on faisait frire dans du suif... quelque chose qu'on roulait dans la poêle avec un bâton, qu'on achetait deux sous, et qu'on jetait dans son estomac. Ça s'appelait une *crêpe*.

Les cantines, jusque-là assez bien approvisionnées et relativement peu fréquentées, avaient nourri l'ouvrier et le prolétaire, qui n'avaient pas encore trop souffert. Mais c'était sur les petits employés, les modestes rentiers, sur ceux dont la profession et l'industrie chômaient forcément, ou qui tiraient leurs ressources de la province et sur toute la classe moyenne qu'avaient de tout leur poids pesé les privations et la misère. Force fut à ces malheureux, quoi-qu'ils en eussent, de recourir enfin à ces établissements économiques, voire même gratuits, qui dès lors purent à peine suffire à tous les besoins. De restaurants et de gargottes il n'était plus question. Les bouillons Duval et autres, au grand désespoir des célibataires, avaient fermé leurs portes depuis longtemps. Les Vatels célèbres seuls recevaient encore leurs clients. On mangeait à leurs tables les ours, les éléphants et les chameaux du Jardin d'acclimatation et non ceux du Jardin des Plantes qu'on préféra laisser mourir. En revanche, on était prié d'apporter son pain.

Tandis que les vivres diminuaient, le froid augmentait. Quand on n'était pas obligé de sortir, on restait couché des journées entières pour échapper à la faim et à la bise. Presque chaque jour on relevait aux bastions et dans les rues des hommes gelés ou morts d'inanition. On retrouva, dans des taudis vides et glacés, de pauvres femmes inanimées et pressant encore sur leur sein, de leurs bras de cadavre, des enfants endormis.

Jamais, même en temps de choléra, la mort n'avait frappé dans Paris si drû et si lugubrement. Dans les circonstances ordinaires on y compte de 800 à 900 décès hebdomadaires, environ 20 quotidiens. Aujourd'hui le chiffre de 4,500 par semaine ou de 650 par jour est dépassé. Depuis la fin de décembre la progression a été effrayante. La variole, la fièvre typhoïde, la bronchite, la pneumonie, la diarrhée enlèvent près de la moitié des victimes. Les suicides sont fréquents, fréquents aussi les cas de folie mortelle. C'était un navrant spectacle que de voir, sous un ciel gris et plein de bruits sourds et sinistres, monter, dans la neige et la boue, lentement, vers les cimetières la file à peine interrompue des corbillards. Les passants sans défaillance, souhaitant que ces deuils chaque jour plus multipliés pussent servir à sauver la patrie, se découvraient avec respect devant la dernière dépouille de ceux qui s'en allaient — sans escorte souvent — de ceux qui s'en allaient avant la victoire ! —

Au milieu de ces épreuves, les femmes de Paris, à de rares exceptions près, se montrèrent admirables Martyres du devoir et luttant contre l'ennemi à coups de privations, jamais une plainte, jamais une parole de découragement, jamais surtout le mot de capitulation ne sortit de leurs lèvres.

Il faut, pour les vénérer comme elles le méritent, les avoir vues, levées avant le jour par tous les temps, commencer d'interminables queues, souvent mortelles, pour rapporter à la famille de quoi ne pas mourir ou ne pas geler ; il faut les avoir vues à la maison, aux ateliers de guerre, aux ambulances, au départ des bataillons de marche, au feu même.

Ce serait une erreur de croire qu'on ne riait plus dans la capitale désolée. On riait encore « *parceque rire est le propre de l'homme...* » et du Parisien. Mais on se sentait envahi par cette vague inquiétude, prélude des événements décisifs. On s'attendait à une sortie « finale. » Cette préoccupation était assez vive pour émousser toutes les autres. Pas d'impatience, ni de lassitude ni de découragement, mais la conviction intime que l'état de choses actuel ne pouvait se prolonger davantage. On écoutait, on comptait avec recueillement les détonations lointaines et rares, hélas ! du canon des forts, impuissant à imposer silence aux batteries ennemies profondément enfouies et habilement dissimulées. Il semblait qu'on épiât un signal, longtemps attendu, le signal de la délivrance !

Il fut enfin donné le 19 *janvier*, et avec lui poussé par l'Hôtel-de-Ville ce cri de nos pères : « *Souffrir et mourir s'il le faut, mais vaincre !* »

On vainquit, — le jour même.

Le même jour aussi, vers cinq heures et demie du soir, on fit cesser le feu et sonner la retraite alors que la garde nationale victorieuse tenait de très-belles positions.

A la garde nationale seule appartient en effet l'honneur de cette journée qui eût été une grande victoire, — *si* on avait engagé la moitié au moins des 120 ou 150,000 citoyens tenus en réserve, malgré eux, derrière des contreforts boisés ; — *si* on avait fait précéder par du canon, appuyer par des troupes régulières suffisantes les 30,000 gardes lancés en avant ; — *si* Ducrot n'était pas arrivé avec son armée trois heures en retard ; — *si* Trochu avait renoncé à son plan et à la direction des opérations.

Peste ! on est difficile à Paris. — Dame ! Trochu avait fait de si belles promesses. — Y a-t-il au moins quelques stratégistes parmi... les mécontents ? — Non. On sait trop ce que valent les plans.

Ils n'avaient pas de plan, croyez-le bien, les bataillons mobilisés qui, fondant sur les Prussiens à la baïonnette, enlevaient les ouvrages réputés imprenables de Montretout, Garches, Saint-Cloud, La Jonchère, La Malmaison et Buzenval. Libres et renforcés à temps, ils entraient à Versailles et s'y maintenaient. C'eût toujours été autant de pris sur l'ennemi.

Mais encore une fois quand un général a un plan, il faut s'y conformer ! — Vous avez raison.

Paris avait « donné la conduite » à ses héroïques enfants. Tout entier il les avait accompagnés jusqu'aux portes de la grande forteresse, en chantant, convaincu qu'ils allaient à une fête, à la victoire. Deux jours après, dans l'avenue des Champs-Elysées, près de l'Arc-de-Triomphe, il assistait à leur retour, le rouge au front et les larmes dans les yeux. Les bataillons défilaient la tête haute et le regard enflammé. On sentait que ces hommes avaient, avec la conscience de leur force, la ferme résolution de n'être plus les dupes de chefs ignares.

Vingt mille femmes éplorées se pressaient anxieuses sur leur passage ; devinant plutôt que reconnaissant les numéros des compagnies, elles plongeaient dans les rangs pour ressaisir, comme un trésor, leurs frères, leurs maris et leurs fils ! Il y eut des étreintes échangées et des bras vainement tendus, des sanglots et des cris de joie. La foule émue riait avec les unes, pleurait avec les autres. On entraînait à grande peine les malheureuses qui redemandaient, avec des cris déchirants mais sans écho, leurs bien aimés. Inutile de leur parler d'exigence de service, de retardataires, de prisonniers ou de blessure légère ; on respectait leur douleur et on la partageait. On vit des sœurs, des épouses et des mères attendre toute la nuit ceux qui ne devaient pas revenir, — et ils étaient deux mille.

Deux mille, hier encore pleins de jeunesse et d'ardeur, étendus morts aujourd'hui, avec des poses terrifiantes, dans leurs longues capotes grises, bleues, vertes et marrons, toutes maculées de boue et de sang. A La Jonchère, à Buzenval, où la lutte s'était concentrée toute la journée, on aurait dit d'un véritable charnier. Le lendemain les Prussiens, impassibles et silencieux, les lèvres soudées à leurs éternelles pipes de porcelaine, nous rendirent, pour de touchantes funérailles, ces chers cadavres symétriquement rangés en trois couches épaisses, — pour mieux les compter.

Les blessés étaient nombreux, 4,000 environ : le double des morts ! Cette fois ils furent ramassés à temps. Mgr Bauër ne vint plus, avec ses insignes épiscopaux et son état-major, caracoler sur le champ funèbre ; mais les *brancardiers*, nouvellement institués, rivalisèrent de zèle et de dévouement, si c'est possible, avec les frères de la doctrine chrétienne. Les lits ne manquèrent plus, les particuliers en avaient préparé plus de 22,000 ; quant aux soins, les princes de la science les multiplièrent au chevet des héros-citoyens. Presque tous les blessés étaient atteints aux bras ou aux jambes. Mais pourquoi ces blessures uniformes ? parceque quand la balle frappe ailleurs la mort est d'ordinaire instantanée. Les amputations, on doit aussi le faire remarquer, réussirent peu. Pendant tout le siége, sur dix amputés on n'en sauva pas deux.

Les circonstances actuelles offrent, vous en conviendrez, plus d'une analogie avec celles qui ont précédé le 31 octobre. Seulement elles sont plus graves ; plus lourdes aussi sont les fautes du Gouvernement.

Vous avez vu comment, au lieu d'apporter quelque adoucissement à nos souffrances et à nos privations, le Gouvernement les avait aggravées par la négligence, l'imprévoyance, le défaut d'organisation et son respect coupable pour les positions acquises et les abus consacrés. Vous savez qu'au bombardement, chaque jour plus violent et plus étendu, il n'avait répondu que par des protestations et des proclamations qui n'étaient même pas écrites, quoique par un académicien, dans ce style lapidaire recommandé par M. Thiers. Il avait laissé la démoralisation et le découragement gagner les soldats, inactifs pendant des mois entiers et sans confiance dans leurs chefs. Il avait, à diverses reprises, semé dans l'armée contre la garde nationale un sentiment d'hostilité et de mépris qui se changea en admiration quand, le 19, les troupes virent à l'œuvre « les bonshommes de 30 sous, les partisans de la guerre à outrance... pour les autres, » comme elles les appelaient jusqu'alors.

Vous avez encore présente à la mémoire la dernière sortie et la façon dont elle fut conduite; d'aucuns assurent que, coïncidant avec le rationnement du pain, elle n'a été ordonnée que comme dérivatif. D'autres prétendent que nos gouvernants, se hâtant vers un dénouement dès longtemps convenu, ont entamé depuis le 15 janvier, antérieurement encore peut-être, de nouvelles et sérieuses négociations avec le quartier prussien; et que s'ils ont fait sortir la garde nationale dans les conditions les plus défavorables, c'est dans le but de lui prouver sa prétendue impuissance, de la décourager et de l'amener ainsi, habileté suprême, à demander elle-même une capitulation. Trompé, disent-ils, dans ses machiavéliques calculs et ses honteuses espérances par la victoire inattendue et intempestive de Buzenval et de Montretout, le Provisoire, dans la personne de son chef, se hâte de faire exécuter une retraite à laquelle les soldats prussiens et leurs officiers... subalternes, bien entendu, ne comprennent rien.

On n'est pas obligé, heureusement, d'ajouter foi à pareille

infamie, et forcé d'assimiler le plan Trochu au plan Bazaine. Il est sage d'ailleurs de suspendre son jugement en attendant que la lumière se fasse ; — et ce sera bientôt.

Quoiqu'il en soit, tous les partis et toute la presse étaient unanimes dans l'expression de l'inquiétude et de l'indignation inspirées et provoquées par la conduite inqualifiable de Trochu et de ses complices.

Cette unanimité constitue la seule différence entre les deux époques : 22 janvier 1871 et 31 octobre 1870.

Ah ! c'est qu'on a fait du chemin depuis le 31 octobre ! C'est que bien des yeux se sont dessillés enfin ! Quels regrets universels maintenant d'avoir, sur la parole de J. Favre, traité de Prussiens et traîné à la Conciergerie ceux qui conseillaient alors de fonder la Commune ou Municipalité, car c'est tout un. On eût ainsi, en temps opportun, adjoint, substitué même au Provisoire, il l'eût bien fallu devant une incapacité croissante, une délégation assez nombreuse pour qu'elle pût contenir dans son sein tout ce que Paris renfermait de cœurs honnêtes, intelligents et dévoués au salut public. Pourquoi faut-il qu'on ait reculé par crainte chimérique et irréfléchie, on en convient aujourd'hui, de quelques personnalités dont la turbulence peu dangereuse eût été absorbée dans cette grande et patriotique assemblée ? Les conservateurs reconnaissent et déplorent leurs torts, mais comme toujours, en pareil cas, ils prononcent le mot des timides et des désespérés : *il est trop tard !*

Non, il n'est jamais trop tard, quand il s'agit du salut de la patrie, quand tout est préférable à la honte !

Hélas ! que n'a-t-on écouté ceux qui demandaient encore à la dernière heure l'adjonction à la défense de capacités notoires, et elles ne faisaient pas défaut, ceux qui avec l'*Opinion nationale* suppliaient Trochu de se débarrasser à propos de quelques chefs indignes!

Les membres du Gouvernement de la défense nationale n'ignoraient pas l'état de l'opinion publique; ils s'en rendaient un compte d'autant plus facile qu'ils avaient à coup sûr conscience de leurs actes. Mais le but auquel ils tendaient et leur intraitable orgueil, encore fortifié par le plébiscite du 3 novembre, ne pouvaient tolérer l'adjonction d'aucune capacité ni l'adoption de mesures révolutionnaires, c'est-à-dire efficaces. Toutefois sentant le terrain manquer sous leurs pieds, ils jugèrent prudent de donner une satisfaction telle quelle au sentiment populaire.

Le *22 janvier*, les fonctions de gouverneur de Paris sont supprimées. Mais Trochu conserve la présidence du conseil. C'est en cette qualité que le Breton, *jésuitiquement* fidèle à sa parole, croira pouvoir capituler sans forfaire à l'honneur. Le commandement de l'armée de Paris passe des mains de *l'homme au plan* à celles du général Vinoy, âgé de 72 ans, ancien sénateur, complice et acteur au coup d'État. — Auquel? — A celui de décembre.

On avait déjà le *moment psychologique* avec Bismarck; avec Vinoy voici venir le *moment critique*. C'est lui qui le dit dans une proclamation brutalement décourageante. Des Prussiens, qui font rage avec leurs krupps et qu'il faudrait anéantir, il ne souffle pas le plus petit mot; en revanche il se promet d'exterminer le *parti du désordre*, c'est-à-dire les républicains et les partisans de la lutte à outrance qu'on regrette de n'avoir pas écouté et dont on déplore le silence. *L'Ordre*, en un mot, *il en répond*, par habitude et tradition sans doute.

Le fait est qu'émule du géant Pinard, et jaloux d'avoir lui aussi sa *victoire de Clichy*, Vinoy fait rentrer dans Paris tout son corps d'armée : 40,000 hommes avec du canon, et le répartit sur des points habilement choisis. Le vieux prétorien se trouvait autrement à l'aise contre ses frères que contre les Prussiens.

Les généraux de l'Empire ne connaissaient décidément que la guerre des rues.

Certes la répression ne devait pas manquer à l'émeute, si elle osait lever sa tête hideuse et exiger, sinon la délivrance de la capitale, au moins le salut de son honneur. Mais l'émeute ne ferait-elle pas défaut à la répression ?

Dans la nuit les portes de Mazas sont forcées par une bande de 200 hommes environ, et le *terrible* Flourens mis en liberté. *Le fantastique major* trouva-t-il sa délivrance plus miraculeuse que celle de saint Pierre-ès-liens, crut-il remarquer que ses libérateurs avaient en général la blouse trop blanche et la barbe trop uniforme pour ne pas habiter la rue de Jérusalem ; ou bien jugea-t-il *enfin* sage de retourner à ses études et à ses collections ? On ne sait. Ce qui est certain, c'est qu'il s'éclipsa après l'enlèvement par la bande sus-mentionnée de 2,000 rations de pain à la mairie du XXe arrondissement et qu'onc ne reparut. Avec lui s'évanouirent et les blouses suspectes et le commencement d'agitation provoquée dans le quartier.

Mais quelles sont ces affiches qui couvrent les murs ? Pourquoi ces tambours battant le rappel et la générale ?

. . . . . . Où courent ces guerriers
Dont la foule à longs flots roule et se précipite ?
. . . .
Sans doute l'honneur les enflamme ;
Ils vont pour un assaut former leurs rangs épais.
Non ! ces guerriers sont des. . . . .

. . . . gardes nationaux fort mécontents d'avoir été, dès l'aube, réveillés en sursaut pour apprendre que si les Prussiens ne sont pas encore entrés dans Paris., Flourens est sorti de Mazas; ils sont furieux d'avoir été dérangés non pour marcher à l'ennemi, mais pour voler au secours du Gouvernement, que les croquemitaines des faubourgs et des clubs doivent, paraît-il, avaler tout crû, à midi précis.

Comme il n'est pas huit heures, nous avons le temps de nous promener avant de nous rendre au rendez-vous.

Sur les boulevards, sur les places, peu de monde : Paris est d'une tranquilité désespérante. On lit l'*Officiel* et on cherche le mot du rébus. Le Gouvernement croit avoir tout gagné, parcequ'il a déplacé sa responsabilité : il l'aggrave. Qui donc trompe-t-on ici ? Jacques Bonhomme trouve que c'est lui. et s'en va soucieux, en se garant des obus, faire la queue au pain, la queue à la viande, la queue au bois.

Ah! ça, mais est ce que nos Provisoires se seraient trompés ? Ils nous annoncent pour midi des désordres qu'ils préfèrent laisser se produire et réprimer plutôt que de les conjurer et de les prévenir, et rien encore dans la ville, rien à Montmartre, rien à Belleville, à 11 heures 1/2 ! Etrange!

Gagnons la place de Grève... à tout hasard et voyons ce qui s'y passe.

Midi. — Groupes peu nombreux et clair-semés. Gardes nationaux en tenue.

1 heure. — Quelques curieux en plus, quelques gardes nationaux en moins.

2 heures.— 200 ou 300 gardes nationaux, la crosse en l'air, débouchent sur la place en criant : « *A bas Trochu ! Vive la Commune !* » Ils demandent : *la levée en masse, une sortie immédiate et générale*. Ils envoient des délégués à l'Hôtel-de-Ville; après des pourparlers, ils sont introduits.

2 heures et demie. — La foule augmente et atteint le chiffre de 1,200 ou 1,500 personnes. Les gardes nationaux se rangent en ordre sur le quai. Les mobiles bretons se montrent aux fenêtres du palais municipal, la baïonnette au bout du fusil.

3 heures. — Sortie des délégués, qui n'ont trouvé personne à qui parler. Arrivée d'une demi-compagnie d'un bataillon de marche par la rue du Temple. Même attitude, mêmes cris et mêmes vœux que précédemment.

3 heures 3 minutes. — Coup de revolver. D'où ? De qui ? Les portes de la mairie centrale s'ouvrent, et les mobiles font une décharge sur la foule inoffensive et stupéfaite. Cris et panique. Sur la place désertée 20 cadavres, 30 blessés. Quelques gardes nationaux exaspérés s'embusquent sous les portes cochères, derrière des candélabres, et ripostent. La fusillade pétille pendant 35 minutes. Les maisons se ferment au loin.

Des arrestations ont lieu et des renforts considérables arrivent de toutes parts et à l'instant même. Il ne s'agit pas cette fois d'écraser les Prussiens. Cette fois aussi on sait prendre de promptes et formidables précautions contre le retour peu probable de gens qui n'ont pas un seul instant, peut-être, songé à une attaque.

Les Provisoires, à la veille de signer leur honte, publient sur *cette journée,* leur seule victoire, des récits de haute fantaisie ; ils ferment les clubs, suppriment le *Réveil* et le *Combat,* et déclarent :

« *Qu'ils ne failliront pas à leur devoir.* »

Ce furent de sinistres jours — ceux qui suivirent, — sinistres et longs comme des jours sans pain et sans gloire.

Le bruit éloigné des succès de Garibaldi et des combats de Villersexel ne réveilla aucun écho.

Paris était triste, triste jusqu'à la mort et anxieux de l'anxiété finale.

Il sentait que *c'était tout*.

Il insistait pour obtenir de ses chefs des éclaircissements définitifs sur la situation alimentaire. Il n'ignorait pas que chaque jour le rapprochait de cette limite fatale assignée par la faim aux plus braves.

Mais il était debout avec ses innombrables baïonnettes, ses canons, son courage, et puisqu'il fallait un dénouement, il voulait une fin noble, fière, héroïque, digne de lui ; il voulait, si tant est que la perte fût certaine, sombrer, comme ses pères, sur *le Vengeur*; en jetant à l'ennemi stupéfait et au monde ébranlé le cri suprême de :

Vive la France ! Vive la République !

Retranché plus que jamais sous sa carapace officielle, le Provisoire se taisait et négociait dans l'ombre.

Et cependant le pain lui-même manquait presque.

Et cependant les bombes, les obus et les boulets pleuvaient toujours.

Et cependant, comme des loups guettant la curée, les Prussiens, la nuit, chaque fois plus nombreux et plus proches, rôdaient autour de nos forts démantelés mais encore redoutables.

Et cependant, tandis qu'on rappelait les troupes, on envoyait en avant les bataillons et les légions les plus connues pour leur amour de la patrie et de la république. Dans quel but ?

Le soir, sur les boulevards, la foule se pressait compacte et silencieuse. Les groupes envahissaient la chaussée.

On annonçait la déroute de Chanzy, la retraite de Bourbaki, la débâcle de Saint-Quentin. On ne comptait plus sur la province; on se confiait les obstacles que l'autorité et le patriotisme de Gambetta avaient rencontrés dans les départements. On parlait de son arrestation et de son suicide, sans trop y croire pourtant.

On assurait que l'armistice était signé ; on en précisait les conditions.

On disait des choses terribles.

On parlait bas comme au lit d'un agonisant.

Retranché plus que jamais sous sa carapace officielle, le Provisoire se taisait et négociait dans l'ombre.

« *C'était son droit absolu.* »

Il le déclara le 27 janvier et le lendemain publia la *convention* que vous connaissez.

Nous sortons, se hâtaient d'affirmer ces honnêtes gens, *de la lutte qui finit retrempés pour la lutte à venir*. NOUS EN SORTONS AVEC TOUT NOTRE HONNEUR.

La générale battit, le tocsin troubla la nuit de ses lugubres volées. La foule résolue s'élança, femmes en tête, pour franchir l'infranchissable enceinte des bastions, et faire sauter les forts, d'accord avec les marins qui l'attendaient.

Immédiatement cernés et arrêtés, les *Prussiens* du 28 janvier allèrent à la Conciergerie rejoindre les *Prussiens* du 22 janvier et du 31 octobre.

Deux jours après les marins, les derniers, rentraient dans Paris, crêpe au bras et brandissant fièrement leurs armes brisées.

Trochu avait livré aux Prussiens les forts, et avec eux deux mois de vivres et de munitions !

Le Gouvernement de la défense nationale avait capitulé.

Pouvait-il faire autrement ? — Non.
Mais à qui la faute ?

C'est affreux d'être obligé d'écrire et d'imprimer de pareilles choses. Nul ne s'y résigne que le désespoir et la mort dans le cœur. Mais traître et mille fois traître, celui qui, par crainte ou par convenance, tairait, dans une semblable catastrophe, ce qu'il croit être la vérité.

Puisse seulement l'impartiale histoire, dégagée des excitations de la lutte, plaider avec succès les circonstances atténuantes en faveur de ces hommes qui, au 4 septembre, du haut de la tribune législative, faisaient cette déclaration, vingt fois répétée ensuite et que personne ne leur demandait si complète :

« *Le Gouvernement prendra en mains les destinées de la France ; il combattra résolûment l'Etranger ; il sera avec vous*, et D'AVANCE, CHACUN DE SES MEMBRES JURE DE SE FAIRE TUER JUSQU'AU DERNIER ! »

En quittant Paris, dans les premiers jours de février, il fallait pour se diriger vers le Nord gagner à pied ou en voiture la gare de Gonesse, seul embarcadère ouvert alors aux voyageurs.

C'était un chemin douloureux où nous ne ferons, si vous le permettez, aucune station; car on ne peut, sans larmes ni colère, raconter que sur les ruines fumantes des environs de Paris, riche et verdoyante ceinture hier, couronne d'épines aujourd'hui, on a vu, de ses yeux vu l'occupation organisée à la Bismarck et les Prussiens à l'engrais.

C'est le privilége des races fortes et habituées à la victoire de n'en pas faire un emploi dégradant : les Allemands n'en sont pas là.

Dernière insulte, souvenir affreux, qu'on emportait avec d'autres dans son cœur ulcéré !

On se demandait aussi avec inquiétude si le drame auquel on venait d'assister n'aurait pas un épilogue sanglant et inouï. Les Parisiens en effet se révoltaient à la seule pensée que leur cité pourrait être souillée par l'Empereur et les soudards allemands; il était à craindre que, le cas échéant, la population exaspérée ne se livrât à quelque acte de désespoir.

On souhaitait, sans oser l'espérer, que devant ce suprême et stérile outrage, elle restât grande et calme et par son attitude rappelât aux hordes du Nord que :

La force ne primera jamais le droit.

Paris reprenait graduellement sa physionomie accoutumée, ses habitudes et le cours longtemps interrompu de ses affaires.

Quant à la capitulation, on évitait d'en parler. Nul ne se souciait d'attiser une douleur aussi poignante et encore aussi vive. De l'armistice et de la paix on ne causait guère non plus. A tort ou à raison, on croyait que leurs conditions avaient été d'avance arrêtées, au moins verbalement, avant la signature de la convention ; en tout cas, pensait-on, l'Assemblée nationale n'aurait qu'à ratifier les clauses imposées par le vainqueur.

Mais cette Assemblée avait aussi un autre rôle à jouer, et c'était là l'objet de toutes les préoccupations : dresser le bilan des ressources de la France et décider peut-être de ses destinées.

Paris est convaincu, avec Trochu du reste, « que la République seule peut nous sauver et que si nous la perdions nous serions perdus avec elle. » C'est dans ce sens que se dessina, dès le débnt, le courant électoral.

Persuadée que si, depuis le 4 septembre, il y avait en France un Empereur en moins, il n'y avait pas une République en plus, que le nom seul du gouvernement avait été changé, mais le système conservé, la Capitale proscrivit de ses listes le nom des membres du Gouvernement de la défense nationale.

Elle se réserve d'ailleurs de leur demander un compte sévère de leurs actes et n'a accueilli que par un haussement d'épaules leurs essais, trop prématurés pour être sincères, de justification ambiguë. Ces plaidoyers larmoyants au surplus, on ne l'ignorait pas, n'étaient destinés qu'aux départements, où ils devaient devancer toute autre publication et impressionner favorablement un public qui ignorait encore l'histoire du siége de Paris.

Le jour se faisait à peine sur les départements et le rôle qu'y a joué Gambetta. Paris indécis, mais sans illusion comme sans amertume, attendait pour les juger de plus amples informations.

Par son vote pour les élections à l'Assemblée nationale,

la France presque tout entière s'est prononcée pour la paix.

Quand bientôt peut-être elle sera consultée de nouveau et cette fois sur le choix d'un gouvernement, quelle sera sa réponse?

Se jettera-t-elle encore dans les bras de quelque sauveur, ou, instruite par l'expérience et le malheur, se décidera-t-elle à s'affranchir de toute tutelle et à gérer ses propres affaires? Renoncera-t-elle aux empires et aux monarchies, pour fonder enfin sur les bases inébranlables de la justice et du droit, *la Chose commune,* comme disaient les anciens, ce que nous appelons, nous, d'un seul mot, LA RÉPUBLIQUE.

Il faut l'espérer.

Mais qu'on ne s'y trompe pas ; une Assemblée, quels que soient son nom et sa composition, est incapable de faire la République : la nation la fera ou personne.

Pour établir la République, « *cette grande calomniée* » la seule souveraine de l'avenir, il faut, comme pour sauver la Patrie, y croire et l'aimer.

Il ne suffit pas en effet d'acclamer son nom et de l'inscrire au fronton des monuments publics ; il ne suffit pas d'insulter à la majesté de CELUI qui a dit : *Aide toi, le ciel t'aidera,* en attribuant nos fautes et leurs tristes conséquences à sa colère et à sa justice vengeresses ; il ne suffit pas de se décharger de toute responsabilité sur les maîtres qu'on s'est donnés, quitte à les abandonner pour en reprendre d'autres et pour reconnaître sans cesse et stérilement qu'on s'est trompé ; il ne suffit pas d'accepter bénévolement les idées et les théories d'un parti quelconque et de se faire l'écho inconscient de déclamations intéressées ; il faut secouer le joug de l'ignorance, mère de tous nos malheurs et se convaincre que l'intérêt personnel bien entendu se confond nécessairement avec l'intérêt général, que les sociétés n'ont que la valeur exacte des individus qui les composent ; il faut se décider, quelque effort qu'il en coûte, à opérer d'abord en soi les réformes qu'on voudrait imposer aux autres ; il faut cesser d'être chauvin pour devenir patriote, d'être réactionnaire afin de rendre impossibles les démagogues ; il faut enfin et surtout faire *acte de républicain*, c'est-à-dire « apporter sa quote-part de volonté, de travail à la gestion des affaires de l'État avec autant de zèle, de résolution qu'on en apporte à ses affaires privées. »

Puisse la France, enfin rendue à elle-même, s'engager résolûment dans cette voie et travailler sans retard à sa régénération et à son salut !

Puisse-t-elle, répudiant les traditions d'un passé qui s'écroule, renoncer à cette chose odieuse, barbare, absurde, qui a nom la guerre et inaugurer une ère nouvelle, celle du progrès et de la civilisation.

A l'abri désormais du hasard des batailles, elle règnera au loin par ses lumières et fondera la République universelle.

Fière et douce, elle marchera alors sans compétition, à la tête de l'Europe affranchie et reconnaissante !

Février 1871.

Imprimerie de E. PRIGNET. à Valenciennes.

www.ingramcontent.com/pod-product-compliance
Lightning Source LLC
LaVergne TN
LVHW021728080426
835510LV00010B/1176